解谜茑屋

做未来生活的实验场

TSUTAYAの謎

[日]川岛蓉子 / 著
苏暐婷 / 译

中信出版集团 | 北京

图书在版编目（CIP）数据

解谜茑屋：做未来生活的实验场 /（日）川岛蓉子著；苏暐婷译 . -- 北京：中信出版社，2019.6
ISBN 978-7-5217-0374-0

I. ①解… II. ①川… ②苏… III. ①企业管理－经验－日本 IV. ① F279.313.3

中国版本图书馆 CIP 数据核字（2019）第 065809 号

解谜茑屋——做未来生活的实验场

著　　者：[日] 川岛蓉子
译　　者：苏暐婷
出版发行：中信出版集团股份有限公司
（北京市朝阳区惠新东街甲 4 号富盛大厦 2 座　邮编　100029）
承 印 者：中国电影出版社印刷厂

开　　本：880mm × 1230mm　1/32　　印　　张：8.5　　字　　数：110 千字
版　　次：2019 年 6 月第 1 版　　印　　次：2019 年 6 月第 1 次印刷
京权图字：01-2019-2795　　广告经营许可证：京朝工商广字第 8087 号
书　　号：ISBN 978-7-5217-0374-0
定　　价：48.00 元

目　录

第三章
为什么直觉比大数据重要？

第四章
为什么那么懂女人？

第五章
为何把公司“缩小”？

前 言

我想向各位读者做个调查。

曾在 TSUTAYA 租过 DVD（电影光盘）或 CD（音乐唱片），买过书或杂志，持有或用过 T-CARD 的人，请把手举起来。

我想应该会有很多人举手吧？其实这不难想象，毕竟 TSUTAYA 在全国拥有 1400 家店面，是日本最大的“书店 & 影音租借贩卖连锁店”，持有 T-CARD 的人更是高达 5300 万人。

同时经营这两者的正是文化便利俱乐部（Culture Convenience Club，简称 CCC），一家以 1983 年开在大阪府枚方市的茑屋书店枚方店为滥觞，于 1985 年成立的公司。

CCC 的事业版图相当特别。

它以书店及影音租借贩卖连锁店的形式开了许多店面，在 20 世纪 80 年代后半段拓展至全国，并于 2003 年，推出以 T-CARD 为基础的新服务。它与全家（FamilyMart）、BOOK-OFF（日本最大的二手书连锁店）等企业合作，实施了可在 TSUTAYA 的各式商店通用的会员积分制度。

而在 2003 年“六本木之丘”（日本著名的住宅楼盘和综合商业楼）启用的同时，“TSUTAYA TOKYO ROPPONGI”也开幕了。那是一家地道的读书咖啡厅，店里还有星巴克。之后于 2011 年，在东京代官山，一块 4000 坪[①] 大的广场上以代官山茑屋书店为核心，融合购物商场、餐厅的生活风格提案型商业设施“代官山 T-SITE”开幕了，当时引发的热烈关注，我至今还记忆犹新。接着在 2013 年，CCC 成了佐贺县武雄市图书馆的指定管理者，并对其进行了大规模翻新，随着图书馆开始营运，该项目成功登上了媒体版面。

2015 年，家电行茑屋家电在东京世田谷的二子玉川诞生，再次引爆了话题。

CCC 的全体员工，将这些事业版图视为基础，把“文化”（culture）通过“唾手可得”（convenience）的形式，打造成“文化基础建设”。率领他们的，正是开创 CCC 的增田宗昭社长。

2015 年 5 月已经 64 岁的增田社长，看起来相当年轻，他身穿 T 恤衫与牛仔裤，精力充沛地来回奔波，不断构思新创意，持续改变商业版图。

我第一次访问增田社长，是在 2013 年。他畅谈了对商业、嗜好、日本未来的想法，我被他的热情震撼了，继而对他这个人产生了强烈的好奇心。

另一方面，我也对 CCC 的商业版图，产生了各式各样的疑问。我发觉增田社长的经营哲学里，藏着许多谜团。

由于亚马逊、乐天等电商平台的崛起，网络购物已经成了人

① 坪：源于日本传统计量系统尺贯法的面积单位。1 坪约等于 3.3057 平方米。4000 坪约合 13 223 平方米。——编者注

们习以为常的事情，实体书店接二连三地倒闭。既然如此，为什么还要在东京最繁华的地段开设庞大的代官山茑屋书店呢？为什么要用端正的汉字标榜“茑屋书店”，而不是用过去 TSUTAYA 连锁店使用的蓝底黄字的“TSUTAYA”当作品牌标识呢？明明通过 T-CARD，已经持有 5300 万人的大数据，为何还要在书店里设置专业人员，让他们像饭店的服务员一样，响应个别客户的需求呢？

在这个少子老龄化、地方势力相对弱化的年代，为什么还要着手大型企划案，将九州岛区区一家地方都市的小图书馆改头换面呢？

而在网络购物盛行，现存大型家电量贩店业绩持续下探的现代，原本和家电量贩八竿子打不着的 CCC，又为什么要开设茑屋家电呢？

我越想，疑问就越是接二连三地冒出来，谜团也越来越大。

他一方面经营着日本最大的影音贩卖连锁店，另一方面又开设充满趣味的大型独立店面；他明明拥有能分析消费者行为的大数据，却执着于以“个人”的力量来经营店面；在实体书店、家电行这些被称为夕阳产业的领域，却不断开设新的店面——增田社长究竟在想什么？他到底打算做些什么？

我向增田社长抛出了好几个疑问，请教了他的想法，并将这一连串解谜的对话汇集成本书。

与增田社长对话，可以听出他洞悉市场本质的强烈意愿、开拓放眼未来市场的视野高度，以及在时代的巨变中，如何有组织地架构出幸福的工作方法与生活形态。他的热情与深刻的洞察，在一言一语中俯拾即是。

在这个卖不出去东西的年代，人们真正追求的究竟是什么？从营销的观点来看，什么是现在所必要的？与增田社长的对话，让我得到了许多与商业基础相关的启示。

这本书，适合以经营管理者为代表的商务人士、各领域的创作者、即将找工作的学生等社会人士与准社会人士阅读。我希望，这本书能成为各位走向未来的契机。

川岛蓉子

第一章

为什么
TSUTAYA 要开家电行?

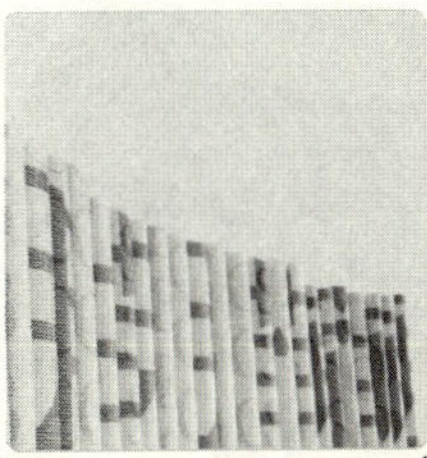

2015 年 5 月 3 日，茑屋家电于二子玉川的 RISE.SC 露台市集开幕的示意图。茑屋家电就开在二子玉川车站的前方，楼上是电影院暨办公大楼（图片提供：CCC）

CCC在东京的二子玉川开设了茑屋家电。但为何是家电行呢?

家电业的环境绝对称不上好，不，说恶劣也不为过。

有多恶劣?——20世纪70年代后半段到80年代，日本家电商创造出了划时代的商品，赢得全球瞩目。但在不知不觉间，日本家电行业的实力衰退了，如今那些令人觉得“很酷”的商品，都不是日本厂商做的。而大型家电量贩店，尽管不断扩增店面，业绩却持续低迷，巨大的卖场再也不像当年一样车水马龙。

为什么会变成这样呢?其中一个原因在于消费市场的成熟。人们的生活必需品几乎都已经普及了，没有什么是非要不可的。在这样的背景之下，除非是具有新魅力与新价值的家电，否则人们根本不会想购买。

另一个原因在于网络购物的兴起。网店能让顾客浏览大量商品，库存风险及店面营运成本都比较低，相较之下，以商品数量、价格来竞争的家电量贩店，就一定会居于劣势。换言之，亲自跑一趟实体店面购买家电，已经变得没什么意义了。

明知如此，为何CCC还要涉足家电领域，打造实体店面呢?率领CCC的增田宗昭社长断言道:“我们卖的不是家电。”那究竟卖的是什么?答案是“生活”。可是，“卖生活的家电行”到底又是什么样的?让我们一起来听听增田社长的愿景。

茑屋家电在二子玉川车站前突然诞生

增田＿川岛小姐，这次我们决定开家电行，店名是“茑屋家电”。我们会在二子玉川打造一家 2200 坪的店面。

川岛＿咦？家电行？而且还是这么大的店面！我很期待这会是一家什么样的新店，毕竟现在的家电行都太无聊了。相信您要打造的，应该是跟 Yodobashi Camera、山田电机、Bic Camera 这些家电量贩店截然不同的店吧？

增田＿嗯，是用不同的概念去打造的。一言以蔽之，就是“看得见生活风格”的家电行。

川岛＿“看得见生活风格”是什么意思呢？

增田＿这点我稍后再详述，先从地点开始说明吧。茑屋家电会开在东京二子玉川车站前的商业设施中，这栋设施面向一个大圆环，一楼与二楼是茑屋家电，三楼与四楼是电影院，再上面就是乐天集团总公司等办公区域。

川岛＿就地点来看，在这里开家电行倒不奇怪。不如说，很适合开家电行。可是 CCC 是因为这样才打算开家电行的吗？增田社长，您又为什么想要开家电行呢？

增田 ＿ 好猛烈的问题攻势啊（笑）。其实我的追求从 1985 年在大阪枚方市创办 CCC 起，就一直没变过。那就是，CCC 必须成为“全球第一的企划公司”。不是书店，不是唱片行，也不是影音出租店，卖企划才是 CCC 的本行。书籍、音乐都只是实践它的方法。所以茑屋家电其实就是 CCC 想出的新企划，一家“以家电为主的新型商店”。

川岛 ＿ 那为什么要挑这时候开家电行呢？

增田 ＿ 因为我想掀起一波家电行革新。也就是做包含家电在内的总生活提案。

川岛 ＿ 您是从什么时候开始有这个构想的呢？

增田 ＿ 大约是在代官山茑屋书店开张后。

川岛 ＿ 从书店到家电行，您为什么会有这么跳跃性的想法呢？这中间有什么关联性吗？

增田 ___ 因为 TSUTAYA 是通过书籍、音乐这些“软件”来进行生活提案，所以这次我就想，借由家电这个“硬件”，或许也可以进行生活提案。

川岛 ___ 通过“硬件”进行生活提案，是什么意思呢？

增田 ___ 其实这些构想都源自 iPhone（苹果手机）。

川岛 ___iPhone？

增田 ___ 我从很久以前就认为，生活提案的意义，在于能跨越国境、人种、世代、性别。这些 iPhone 都做到了。史蒂夫·乔布斯并不是创造了一个畅销商品，而是进行了生活提案。这里让我想出了“家电行革新”这个主题。

川岛 ___ 原来是这么回事。

增田 ___ 我想通过总生活提案，将茑屋家电打造成前所未有的家电行。

川岛 ___ 这么说起来，过去宜家（IKEA）来日本时，陈设方式也与日本的家具行截然不同，当时还攻占了媒体版面呢。日本家具行大多会按照椅子、桌子、碗橱、客厅沙发组等家具类别分割成一个个不同的区域，而宜家则是分为北欧风、美国早期风、简约摩登风等，用设计的风格来区分，然后依照各自的风格，将家具搭配起来展示。这样，在生活中使用这些家具的模样，都会具体浮现出来。这样的陈设方式，顾客不但逛起来一目了然，还会觉得很开心。

增田 ___ 那就是一种生活提案啊。不过茑屋家电会用与宜家不同的方法来进行生活提案。

“重视效率”会陷人于不幸?

增田 ___ 川岛小姐，我从以前就想开一家像茑屋家电这样的店，其实有一个根本的原因。

川岛 ___ 是什么呢?

增田 ___ 追求效率，不代表人就会幸福。

川岛 ___ 咦，这听起来有点像禅问答，我不是很明白。而且感觉和家电也没有什么关系。

增田___是的，因为这并不只限于家电。

川岛___越听越一头雾水了。说到效率，现在大半的企业，无不努力提升效率，员工也为了提高效率，而专心致志地工作，不是吗？

增田___的确如此，你说得没错。这世界上所有的事物，都是为了让人过得方便而存在的。无论是商品还是商店，都是为了让人类的生活更便捷，才不断推陈出新。但，这真的能为人们带来幸福吗？川岛小姐，你难道没有一丝怀疑吗？

川岛___……

增田___比如说最近，无论在火车站还是机场，都可以靠刷卡进入。办公室也是，没有保全卡，就不得进入。换言之，人们为了追求方便，就必须先建构出精密的系统。

川岛___的确如此，这该说是方便呢？还是麻烦呢？

增田___从战后至今，人们为了追求便捷，拼命地提升各种事物的效率，到了最近，我开始发觉，有些事物并不一定为人们带来了幸福，所以我才会说“追求效率，不代表人就会幸福”。

川岛 ___ 原来如此，您这样说我就懂了。尽可能削减成本、缩短时间、省略步骤、抬高利润。企业中的员工，都把精力花在这些事情上，只为了提升效率。

增田 ___ 是的。但我认为，如今该是重新思考如何让人们幸福的时候了。

川岛 ___ 对人类而言，真正能带来幸福的，不是效率，而是其他事物。

增田 ___ 我想，人的幸福，恐怕正好跟效率背道而驰。

川岛 ___ 跟效率背道而驰？若您把这句话大声说出来，恐怕会有很多人认为您在妖言惑众。

增田 ___ 或许是吧。但我身为一个企划人，是真的打从心底认为，人类必须重新思考怎样才能获得幸福。

为何陈列大量商品，顾客还是不高兴？

增田___我就再说得具体一点好了。在现代，什么才是幸福呢？川岛小姐你知道吗？并不是把许多商品陈列出来售卖，顾客就会感到幸福。现在已经不是用数量来一较高下的年代了。在这个商品多到泛滥的时代，光是把商品摆出来，人根本不会有幸福感，你看看目前为止的家电行，是不是都是这样？

川岛___的确，无论是面对家电量贩店，还是陈列出来的商品，我一点都不觉得有幸福感。

增田___为什么不会有幸福感呢？因为若要以量取胜，网络购物明显占了上风。不必去实体店面，只要在网络上搜寻，就能轻松买到自己想找的、想买的商品。那在这样的时代，实体家电行的价值究竟在哪儿呢？许多企业都还搞不清楚。

川岛___您说得没错。身为接收者的消费者，往往会下意识地在网络和实体店面上比较购物。但身为提供者的企业端，却很少思考如何让网络与实体店面共存，以及什么才是实体店面独有的价值。

增田 ___ 正是因为我们处在这样的时代，才更要针对实体店面的意义积极提案。如何创造实体店面的魅力并表现出来，这对我而言也是一大课题。我必须去思考怎么让网络与实体店面最恰当地彼此融合，或者让它们相辅相成。

川岛 ___ 回到刚才的话题。若要以量取胜，实体店面是打不过网络的，这点现在多数消费者都很清楚。明明知道以量取胜也没有意义，大部分的实体家电行却仍然在这一点上较劲。

增田 ___ 身为提供者的企业，与身为接收者的顾客，两者之间产生了巨大的代沟。

川岛 ___ 换言之，现在的家电量贩店，大部分都只想与网络在同一个相扑台上拼个你死我活。

增田 ___ 你慢慢抓到重点了。

川岛 ___ 那么增田社长，茑屋家电是一家不以数量取胜的家电行，对吗？您究竟采用了什么样的企划呢？

增田 ___ 这就是以“全球第一企划公司”自豪的 CCC 的厉害之处了。

让顾客满心期待地来店里

增田 ___2015 年我去了一趟纽约。我到了第五大道 24 小时营业的 Apple Store（苹果产品体验店），那里简直挤得水泄不通，但要说卖什么商品嘛，不就是 iPhone、iPad（苹果平板电脑）、MacBook（苹果电脑）吗？光用十个手指头就能数完，却能聚集这么多人，我觉得这真的非常了不起。

川岛 ___ 不只是纽约的 Apple Store，东京的银座店与表参道店，也总是人满为患。透明的玻璃装潢，让人能清楚地从外面看见里面，店里热闹的模样看起来就更棒了。

增田 ___ 没错，在纽约也是，那些在 Apple Store 里的人，看起来都很幸福。在那之后，我去了老牌家电量贩店 BEST BUY，里头冷冷清清的，明明店里陈列了不下数千种商品！于是我开始思索，到底为什么会形成这种落差。

川岛＿现在的家电量贩店，商品量虽然惊人，却只是把商品摆在那里。在冰冷的卖场中，冰箱一字排开，顾客看了也不晓得摆在自家厨房时，感觉怎么样。IH 电子炉也是，店里虽然摆了很多款式，但顾客实在很难想象买了之后和现在的设备相比，做起菜来是否会更开心。换句话说，就是无法将家电与生活联结在一起，让人期待不起来。

增田＿这正是一味追求效率，而抛弃了人们幸福的结果。若要以量取胜，刚才我已经说过了，顾客只要逛网店就好。人们去实体店面，应该是为了逛得津津有味才去的，对吧？

川岛＿是的。特地到店里，就是想要追求在店里才能感受到的体验，追求那种让人雀跃不已的乐趣。这点在现在的家电量贩店是没有的。

增田＿我认为，顾客对这些东西其实很敏感。Apple Store 会这么受欢迎，不是因为产品有多优秀，而是因为顾客想要接触 Apple Store 的世界，想让心情振奋起来才去的。人们相信苹果公司会改变自己的生活，觉得万分期待，所以才去造访编织美梦的 Apple Store。

川岛＿我懂那种感觉，也就是说苹果公司提案的并不是商品，而是生活。Apple Store 是一处会让人对未来满怀憧憬的空间。

增田＿对吧，所以说“追求效率，不代表人就会幸福”。因此家电量贩店，也需要从过去不曾有过的视角切入，来追求“生活”的提案。CCC 就是想尝试这件事。

川岛＿那究竟是什么样的视角呢？

增田＿其中一个答案是，所谓家电，其实就是新科技的集合，它是有可能改变生活的。

川岛＿家电有可能改变生活，是什么意思？这种事情真的会发生吗？

增田＿那是当然的。我再讲得简单一点好了。家电这种“商品”，寄寓着未来的“生活”。我想把这点好好呈现在店面里。

川岛＿刚才您不是说，现在已经不是靠“商品”一决胜负的时代了吗？这是不是有些矛盾呢？究竟您想要提案的是什么？又要如何提案？

增田 ___ 简单来说，我的想法是只摆放生活必需品。

业界常识反而会逼走顾客

川岛 ___ 您的意思是，不能只陈列商品，而是让顾客看见商品被实际使用时的生活场景?

增田 ___ 是的。我们不是在贩卖商品，而是通过“商品”，来对“生活”提案。这就是茑屋家电和其他家电量贩店最大的不同之处。换言之，我们只会挑选要提案的生活风格所需的商品，然后用能够展现出生活风格的方式来陈设、售卖。

川岛 ___ 但这与刚才说的——家电这种商品寄寓着未来的生活，又有什么关联呢?

增田 ___ 我先说其他企业的例子给你听。例如，现在美国的 Sprouts Farmers 连锁超市生意非常好。它网罗了许多有益身体健康的食物及美食，这些都是由采购员精心挑选的，再用类似传统市集的方式来陈列、展示，赢得了不少粉丝的心。这并不是因为有机食品这类“商品”有多吸引人，而是它提供了一种“健康、丰富的生活”的“生活”提案。而挑选有机食品陈列在店里，只是达成这个目的的手段。认同“健康、丰富的生活”这种“生活”理念的人，以及会对此感兴趣的人，就会成为顾客，来这里购物。

川岛___原来如此，那增田社长打算在茑屋家电提供什么样的生活提案呢？

增田___例如，你知道现在社群网站非常流行，人们都很享受交流的乐趣，这说明人们向往与人互动的生活，比如把自己的事情告诉对方、听对方分享美好的事物。人们相信，与人交流开心的事物、让人心情愉悦的事物，会使生活变丰富。

川岛___意思是说，“享受交流”就是茑屋家电要提案的“生活”吗？

增田___不不，错了。茑屋家电是一家占地 2200 坪的店面，仅仅做到这样，要吸引顾客是很困难的，顾客根本不会专门来到这里。“享受交流”只是我想做的其中一个提案。像这样让顾客感到舒服愉快的生活提案，在我看来至少要 100 则以上才行。

川岛 ___100 则!

增田 ___ 我们是企划专家，这是理所当然的。普通家电量贩店的商品数不是很惊人吗？与之相比，100 则生活提案根本没什么。这么说好了，茑屋家电就像是一本杂志，主题是“令人期待的生活”，里头编纂了 100 篇让人想读的专栏文章。

川岛 ___ 意思是说，与其摆出 1 万种商品，不如提供 100 则生活提案。不是以数量取胜，而是以生活提案的创意来一决胜负。

增田 ___ 我想，若能打出 100 则左右的新提案，当中至少会有一两个革新的创意是可以实行的。若进行得顺利，就很有可能让家电行的业界形态发生革命。

川岛 ___ 所以增田社长打算靠茑屋家电，掀起一波会颠覆业界常识的大革命吗？

增田 ___ 也没那么夸张，但我的确打算挑战很多事情。CCC 并不是家电行专家，但正因为如此，才更要从业界约定俗成、僵化的商品分类及陈列方式等框架中，一口气跳脱出来。

川岛 ___ 很多业界约定俗成的事情，从顾客的角度来看，都是没有意义的。

增田 ___ 所以才要改变啊。既然是“为生活提案的家电行”，那就不能只卖家电，可以改卖家电与生活百货，我想要的就是这样的店。例如，假设主题是“男性料理”，那我就会将与烹饪相关的家电，跟为男性设计的食谱摆在一块儿，甚至也可以把厨房设计出来。不光是卖家电，还要让顾客看见自己家中的“理想厨房”就在那里，这才是我要的提案。既然是为生活提案，这种联想就是有必要的。

川岛 ___ 原来如此。2014 年末开张的“湘南 T-SITE”，就已经设有这样的专区了。在书店正中央大胆地摆上烹饪台，周围的书架上排满食谱、餐具与食材，其实光这样就够有趣了，结果这个调理台还真的用来开料理研究会和做烹饪教室。那时我就想，我一定还会再来，一定要亲自体验看看。

增田 ___ 那个“湘南 T-SITE”，是以松下在神奈川县藤泽市开发的智慧小镇（环境友善都市）为核心的商业设施，后来他们把它交给了 CCC 规划。

川岛 ___ 里头并不是像购物中心一样，由许多商店串联在一起，而是由书店和 30 家专卖店有生命力地联结在一起。书店的一角有杂货店、服饰店和餐厅，在专卖店中，也有当地的咖啡店与甜点店，发祥于湘南的当地店面也在里头。这些专卖店中，一定会摆放与所售商品相关的书籍，装潢则是读书咖啡厅的形态，可以让人一手拿着咖啡在店里的任何一个角落闲逛。从这里就可以感觉到 CCC 独到的个性。

增田 ___ 听你这样说我真高兴。茑屋家电里也会有这样独特的空间的。

川岛 ___ 想必那会与一般家电量贩店的冰箱区、吸尘器区等用商品来划分区块的格局截然不同。

增田 ___ 刚才我也说过了，家电量贩店那种将商品分门别类，以及只是把商品整齐陈列出来的展示方式，恐怕已经不适用于现代人的生活了。所以我想彻底做出有别于此的分类方式及陈列方法，来让使用者感受到它们的魅力。

“圈外人”才想得到的新点子

增田___但川岛小姐，你知道吗？像这样的创意，如果只从业内，例如家电业内来找，是绝对找不到的。一定要将眼光放到业外，寻求圈外人的观点才行。

川岛___什么意思？

增田___在业内闭门造车，就不会想要跳脱常识。这样就无法成为一名称职的企划员。就像川岛小姐你刚才说的，业界内的约定俗成，从顾客的角度来看，根本毫无意义。这就代表对顾客而言，他们根本不在乎业界内的常识。

川岛___意思就是必须持续且彻底保有来自消费者、顾客的观点。

增田___这是我一直以来最在乎的事情。我认为站在顾客的立场，重新检视所有的事物非常重要。所以我在涉足任何业界时，都会让自己站在圈外人的角度来思考。

川岛___用这样的视角来看商店及商品，就会发现有太多东西必须改变。因此增田社长，才会不断想进行新的挑战。

增田 ___ 或许创立 CCC 以来，我一直在做的就是这件事情吧。这看起来可能很有趣，但要打破业界的习惯与常识，其实需要极其庞大的能量。但正因如此，新企划才能问世。

川岛 ___ 应该是有某个原因，让您不惜耗费巨大的能量，也要让这样的企划实现吧？

增田 ___ 是的。看到打破格局后的东西被世人接受，真的是一件很令人欣慰的事情。毕竟一个新的企划，代表它本身的概念不曾存在于世界上，人们不懂也是无可奈何的。回想起来，我在 1983 年创立 TSUTAYA 的前身茑屋书店枚方店时，我说“我要开一家同时卖书与影音的店”，当时绝大多数人都不懂我在想什么。无论是电影界、音乐界，还是出版界的人，越是熟悉业界的人，就越不愿意帮忙。

川岛 ___ 咦？是这样吗？现在 TSUTAYA 的经营方式在人们看来明明已经很理所当然了。

增田 ___ 在“违背常理、跳脱框架”成功问世以前，周围的人，尤其是资深的业内人士是根本不会去搭理你的。让我给你看一个好玩的东西。

川岛 ___ 好呀，是什么呢？

增田 ___ 1982 年，我在大阪府枚方市京阪电铁枚方市车站前的一栋大厦的五楼，开了一家咖啡店兼唱片行，名叫"LOFT"。现在我手边仍留有当时为了募款而写、标题为《创业理念》的文章。这是原文。

川岛 ___ 是手写的耶。

增田 ___ 你要不要读一下？这上面写的，和我现在讲的是完全相同的概念。

川岛 ___ 那我现在念出来。

在变革的 80 年代，"Culture Convenience Club" 决定在关西最大的卫星都市枚方市，开一家 LIFE INFORMATION CENTER —— "LOFT"。这是一家能让顾客轻松享受文化的商店，店里会贩卖唱片、与生活信息相关的书籍以及影片（含出租），地点在车站前，交通相当便利，而且营业到晚上 11 点，装潢是成本低廉的仓库风，我们想将它变成向枚方市的年轻人提供 80 年代新生活风格信息的据点。开店后，我们还会挑战售票系统、住宅信息（房屋租赁中介）、装潢设计等领域，并作为青年文化的据点，投下震撼弹，将枚方市车站到连锁超市“Izumiya”一带，发展成美国西海岸那样人文荟萃的地区。

这读起来不像是三十年前的文章啊。增田社长现在做的事情，跟当时一模一样。

增田＿老实说，我自己也有点被吓到了。现在的事业版图，竟然早在当时年仅 31 岁的我的脑海中，就几乎浮现了。像是让“文化”（culture）变得“唾手可得”（convenience），以及“让书籍成为生活信息”，这些都是我通过 TSUTAYA 的各种业态实现的理念，而“住宅信息及装潢设计”这项坚持，我也正打算通过“茑屋家电”来实践。

川岛＿或许只有增田社长，才能将“文化”与“唾手可得”连接在一起。当时团块世代[①]虽然在摇滚、艺术、时尚等领域，陆续创造出青年文化，但这样的现象仍是以都市为主，且只在一小撮人中流行。提倡“唾手可得”，将它休闲化、大众化，就是 CCC 的目标吧。

① 团块世代，指“二战”后日本出现的第一次婴儿潮人口。——编者注

增田＿听你这么一说，我才发现我很执着“唾手可得”这个字，意思是“不论何时、何地、何人”。之后在 1985 年，我决定自己开公司并取名时，又再一次思考了公司的存在意义，最后的结论是“文化基础建设”。

川岛＿“文化基础建设”？

增田＿是的，从那之后，我们公司就将电影、音乐、书籍这些“文化”，视为马路、水管、电线等人们生活中不可或缺的基础建设。我所谓的打造文化基础建设就是这个意思。

川岛＿也就是将生活中不可或缺的基础建设“文化”，变得“唾手可得”。

增田＿让人们随时都能取得生活提案的信息，这种便利性是不可或缺的。我一直认为，不该把文化想得太复杂，自由自在地选择自己需要的、适合自己的，才是信息（文化交流）原本的模样。CCC 其实做的就是“culture convenience”（文化便利），只不过许多人听到，都会歪着头问：“什么是‘culture convenience’？”

川岛＿就是将“文化”与“唾手可得”这两种不同性质的东西相乘、融合，虽然乍看之下只是把相反的东西放在一起。

打造为生活提案的店面

增田 ___ 刚才我也说了，自从我创业以来，就一直想做生活提案。

川岛 ___ 是指从创立 CCC 开始吗?

增田 ___ 不，是在更早之前。从我开了刚才说的 LOFT 这家店开始，第二年我又开了结合影音出租店及唱片行的书店茑屋书店枚方店。这是 TSUTAYA 的原型。但当时我说要开影音出租店，却被误以为是 A 片出租店。

川岛 ___ 当时的气氛就是这样嘛。

增田 ___ 那时日本还没有欧美录像带业者。但我认为，出租西方电影绝对不会错。20 世纪 80 年代当时的人们与现在相比，对欧美的憧憬更强烈，加上电影其实就是一种向人们提供多姿多彩生活方式的软件，顾客可以观看、学习、采用电影中的生活形态。例如某人看了某部电影，很有可能就会想从电影里描述的生活，汲取元素来装饰自己的房间。

川岛 ___ 那音乐和书籍呢?

增田 ___ 基本上是一样的。听了某国曲子的人,或许满脑子都是那首曲子的国家的鲜活的文化场景;读了某本书的人,或许会被书中人物缠绵悱恻的爱情,打从心底深深感动。对我来说,承载这些带给人们幸福、丰富人们生命的事物,全都属于生活提案。

川岛 ___ 我懂了,所以生活提案,就是带给人们幸福、丰富人们生命的信息,就是提供与生活相关的感觉与气氛。

增田 ___ 话说回来,当时我还曾经说过“影音也是书籍”。因为书本其实就是以印刷技术为背景的媒体。

川岛 ___ 什么意思呢?

增田 ___ 人是靠语言在传递信息的。语言化成了文字与笔记,被人们记录、传抄。于是原本口语的功用,开始被书写取代,接收信息的人也压倒性地变多。加上印刷技术的发明,更加速了信息的传递,信息开始能传达到过去难以到达的广阔地区。

川岛 ___ 书就是这么一回事啊。

增田 ___ 实际上，音乐、影片，同样能将信息传得更广，让更多人接触。所以我才会说“影音也是书籍”。这就是为什么我会想要开一家同时贩卖 DVD、CD 与书籍的店。这种业界形态，我称之为 MPS（Multi Package Store）。

川岛 ___Multi Package Store？

增田 ___ 就是创造一个“信息发射基地”，网罗书籍、CD、DVD 等与“生活提案媒体”相关的信息。通过电影、音乐、书籍这些媒体提供信息，让顾客在脑海中描绘自己的生活，并选购适当的商品。我想把这种“发出信息、像基地一样的地方”变成一家商店。

川岛 ___ 这就是 LOFT 转变成 TSUTAYA 时的背景，同时也是 CCC 创业的基础。

增田 ___ 是的。1984 年，我在大阪府川田市创立茑屋书店江坂店时，就打造了一处融合 TSUTAYA、咖啡厅与办公室的空间，这是当时的照片。这已经是三十年前的建筑了，办公室看起来就像一座咖啡厅一样。

川岛 ___ 很有 80 年代的风格（笑）。

1984 年开幕的茑屋书店江坂店，融合了 TSUTAYA、咖啡厅与办公室（照片提供：CCC）

增田___这是用亚瑟士（Asics）的旧仓库改建而成的。往二楼有一道螺旋梯，爬上去就是办公室的柜台。灯光的颜色为室内营造出了层次感。

川岛___挑高的天花板，搭配摩登的照明器具与大型观叶植物，让我想起了当时流行的咖啡厅。当时的咖啡厅可漂亮了。

增田___那时我的生活提案，自然也包含了对美好事物的追求。我相信自己如果有这么一家店，一定非常棒，因此相当重视店面的设计，并将它做了出来。

川岛___想必生意不错吧？

增田___来的顾客比预期的还要多很多。于是我按照在开这家店前就拟好的计划，从当时上班的一家叫铃屋的公司辞了职，自行创业，开始认真将自己的事业蓝图付诸实践。

川岛___原来如此。看了CCC创业过程的资料，我发现您在开设茑屋书店江坂店后就在1985年成立了CCC株式会社。之后就一口气在全国推行了TSUTAYA的加盟连锁店。

增田___TSUTAYA是当年草创时的企划，如今已成长至全国超过 1 400 家店的规模了。从这层意义上来看，TSUTAYA 这种业界形态，总算在三十年后有了一些成绩。

川岛 ＿ 那就是成功通过用电影、音乐、书籍提供信息，进行生活提案。下个阶段，就是茑屋家电了。

增田 ＿ 这样你就知道，我会开家电行其实没什么好大惊小怪的。因为我认为这是该做的工作。

社长在现场奔忙

川岛 ＿ 那我将话题拉回来。刚才您说茑屋家电只会陈列在生活风格提案中必要的商品，那就代表关键在于要挑选什么，以及如何挑选。

增田 ＿ 是啊。但光挑选东西是不够的。不但要选，还得陈列出来。一定要让顾客打从心底认为“我想过这样的生活”。因此我们还需要编辑与推荐的专业能力。

川岛 ＿ 编辑与推荐的专业能力？

增田 ___ 首先是“编辑”，该将哪些家电与家具组合起来？要打造怎样的生活情境？想让顾客产生什么样的感受？一边模拟这些，一边挑选商品互相搭配，这就叫编辑。另一个是“推荐”，则是以压倒性的专业视角，将“看起来不错”的东西推销给顾客。而且手段不能太逊，“必须是高明的推销”，否则就没有意义。

川岛 ___ 编辑与推荐，都是不限于家电，可通用于其他业界形态的重要关键字。

增田 ___ 是的。话说回来，我在思考这些东西时，还会做一件事，就是跑步。

川岛 ___ 跑步？为什么呢？是真的跑起来吗？

增田 ___ 是真的跑起来。我会用自己的双腿，从涩谷的 CCC 办公室跑到二子玉川的茑屋家电。然后在抵达目的地以前，在脑中进行各式各样的冥思与想象。店内的照明要从哪里开始布置呢？商标该放在哪里呢？这些我全都会在脑中想一遍。而且当时我都和女生一起跑。

川岛 ___ 果然（笑）。

增田___其实这个女生是教练啦。我会把在意的、注意到的事情说出来，请她帮我写成笔记，然后回家好好钻研。在跑之前，我就会先拟订日程表，并在这个阶段拟订一个主题，看看我到底要想什么。所以我不会只跑一次，而是会改变时段跑好几次，因为晨跑和夜跑的风景不一样，获得的东西也会不同。

川岛___对增田社长而言，跑步就是一种田野调查。

增田___是的，而且不只说话，我还会拍照。给你看一下好了，这是二子玉川入夜后的景色。我会在这里自言自语，比如“这样的风景能赢过高岛屋吗？”比起看着设计图，花时间开企划会议，实际边跑边看，马上就能做出判断了。

川岛___不是让部下跑，而是由社长亲自跑。

增田___嗯，这对我来说是理所当然的。从在枚方开设TSUTAYA开始，就是这样了。毕竟待在办公室这类室内环境里，什么信息也得不到，不如去现场亲身感受。我逼自己去跑，并不只是为了调查建筑物及周边情况，而是要通过跑步时的思考，将想到的点子全部串连到我的企划案里。我只要这么做，创意就会源源不断地冒出来。那是一段将脑袋放空的思考时间，就这层意义上而言，也可以将它解释为冥想。

川岛___应该会有员工想学增田社长跑步。

增田___是啊。如果我和员工说这件事，他们可能会想都不想拔腿就跑吧。但其实并不是光跑步就好。还要靠自己把注意到的事情拼凑起来，架构出具有主体性的企划，找出哪些地方有哪些意义。我希望员工把这些都弄清楚了再来跑。这是我的期望。

从上面的访谈，可以得知 CCC 经营家电行，并不是为了售卖商品，而是为生活提案。茑屋家电虽然有着家电之名，却与所谓的家电量贩店大不相同，不，应该说两者根本就是迥异的业界形态。它卖的不是家电，而是生活。

在现代，所有与生活相关的商品几乎都已泛滥，人们的所有消费需求也几乎都能被满足，加上网络购物的兴起，大众开始能随时随地购买需要的物品。在这样的大环境下，“通过实体店面售卖大量的商品”，在未来肯定没有商机。

那么往后该卖什么呢？“在日常生活中，到底该如何具体地使用物品，人们才会觉得幸福，才会觉得生命丰富？”——这就是生活。增田社长打算借由“实体店面”的场地，对生活提案。不是贩卖商品，而是提案生活。他借着茑屋家电这间实体店面，进行了多达 100 则的生活提案。

然而，随着网络的普及，媒体的功能从实体杂志开始渐渐被网络取代。商店也是，像亚马逊这样的网络购物平台，正在不断威胁到实体店面的生存。

如此背景之下，增田社长借由茑屋家电，做了一场“实体店面媒体化的实验”。在数字网络不断壮大的当下，用实体商店在模拟领域做实验。这么做的出发点到底是什么？提示正是“茑屋家电”的前一个企划作品“代官山茑屋书店”。究竟增田社长为何要创立代官山茑屋书店呢？

第二章

为什么
要在全国开设大型书店?

2011 年开幕的代官山茑屋书店，成了男女老少聚集的人气景点。东急代官山车站的乘车人数也增加了两成。茑屋书店正往函馆、梅田等全国各地扩展（照片提供：CCC）

CCC为何要在代官山设立大型书店呢？刚开始听到这个构想时，我还一度怀疑自己的耳朵。开设大型书店真的没问题吗？而且还是在冷清的代官山。出版业走下坡路、民众不爱阅读、电子书兴起、实体书店衰退——书籍与书店周遭，似乎总围绕着不好的话题。实际上，出版市场的规模已从1996年的2.06亿日元，缩减为2014年的1.6亿日元，书店数量同样从1996年的2.3万家，锐减为2014年的1.3万家，规模不断缩小。在这样的大环境下，CCC还要设立占地4000坪的大型书店与商业设施，似乎并不明智。

然而增田社长却力排众议，在2011年，开了代官山茑屋书店，结果大获成功。随着各界好评不断，消费群体遍及男女老少，现在即便是平日，日均客流量也有约1万人，假日每天约有2万人造访，东急代官山车站的乘车人数，与代官山茑屋书店开业前相比，多了约两成。代官山茑屋书店象征着CCC，是名实相符的旗舰店。

开设这家代官山茑屋书店，到底意味着什么呢？在这个网络优势尽显的时代，为何要刻意打造实体店面？擅长连锁化经营的CCC，为何要故意唱反调开独立书店？明明有T-CARD等大数据可以参考，为何还要采用强调个人感性的“接待员”销售系统？这些与过去CCC相互矛盾的要素，在代官山茑屋书店却俯拾皆是。于是我访问了增田社长，请他分享对代官山茑屋书店的期许及原因。

两年不断拜访地主

川岛 ___ 请问您在代官山这个地点开书店，一开始是怎么考虑的？

增田 ___ 嗯，其实考虑的方面很多，但最重要的一个是，我认为“非这个地点不可”。

川岛 ___ 地点？

增田 ___ 旧山手路的另一侧，也就是现在的代官山茑屋书店的对面，不是有一家ASO咖啡厅，一直开着吗？

川岛 ___ 就是面向大马路，露台上有椅子的那家ASO咖啡厅？

增田 ___ 是的。我每次想事情，或独自拟定企划案时都会坐在那家咖啡馆的露台席上。那里的“气”很好，应该就是所谓的能量场吧？总会让我有源源不绝的灵感。

川岛 ___ 哦？是这样啊。以前我曾经听说ASO背面有古墓，周围是绳文遗迹。以地理位置来看，又位于能俯瞰目黑川的高地上，所以从一万年前开始就是高级住宅区。大概是因为这样，“气”才这么好吧。

增田 ___ 难怪，那里真的很棒，磁场这么好的地方，很适合发想创意。做新的企划案，就是在挑战未知的领域。硬挤出来的点子，八成不会太好，真正好的企划，必须自然而然涌现。这会受身体、精神状况，以及是否待在适合构思创意的环境的影响。再者就是地理位置、空气、气味及信息，这些应该也有关系。

川岛 ___ 对增田社长而言，代官山就是这样的一个“能量场”吗？

增田 ___ 是的。所以我总是坐在 ASO 咖啡馆露台上撰写企划书。然后我看见眼前的一片白色铁皮围篱里，有一块长了好多大树的宽阔空地。虽然望不见全景，但我知道里头是一片像小森林一样舒服的空间。它优雅、洗练，静静地坐落在那里。它的那种像土地与生俱来的性格一样的特质非常好。刚好那阵子我正在思索 TSUTAYA TOKYO ROPPONGI 在六本木之丘开幕后，下个概念店要盖在哪里，于是脑海中立刻涌现一个念头：就是它了。

川岛 ___ 远在天边，近在眼前！

增田 ___ 是的。调查之后，我发现这里过去是水户德川家的宅邸，之后又成了西北航空的员工宿舍。我心想盖在这里不错，便去找地主，拜托他把地卖给我。

川岛 ___ 那地主立刻答应了吗？

增田 ___ 一开始他说不想卖，让我吃了闭门羹。打听之下，才知道除了我，已经有 73 家公司来找过他了。毕竟在市中心的精华地段，竟然有一块 4000 坪大的空地，这相当罕见。结果，我们沟通了两年。

川岛 ___ 两年吗？还真难缠耶（笑）。

增田 ___ 但我一直相信会成功。终于到了最后关头，他对我说“增田先生，我投降”，然后把地卖给了我们。

川岛 ___ 这已经变成一种执念了（笑），过程肯定不容易。您是怎么说服他的呢？

增田 ___ 不断告诉他我们想在这块地上做什么，接二连三地。

川岛 ___ 是什么呢？

增田 ___ 我的目标一直是让CCC成为全球第一的企划公司，因此必须持续提出新企划案。换言之，就是要让这家企划公司创造出来的作品，不断问世。这次，我们想通过代官山来呈现最新的作品。

川岛 ___ 具体而言，这是一个什么样的企划呢?

增田 ___ 在代官山这块土地上打造“以书店创立的街道”。这个企划案最终将占地4000坪，足以成为一座小镇了。

川岛 ___ 原来如此，4000坪啊，的确。包含一起盖好的代官山T-SITE，说那里是街道的确不为过。

增田 ___ 身为企划人的我，决定将4000坪的土地，大致区分成两块。川岛小姐已经看过了，所以我想你应该知道。其中一块就是延续TSUTAYA，贩卖书籍、CD、DVD，且附设咖啡厅的复合式大型商店——代官山茑屋书店。另一块是用树木林立的散步小径串联、开满独立商店的专卖店街。将这两者合起来，打造代官山T-SITE小镇，就是我们的提案。

川岛 ___ 原来如此。这次的构想不是书店，而是开书店的小镇。但为什么要以书店为核心呢?一般人不会认为书店可以吸引人流吧？

增田 ___ 为了生活提案啊。我们卖的不是商品，而是生活。这时书店就是不可或缺的了，它可以是主角。这是我一直以来的想法。

川岛 ___ 原来如此，针对这点我想再问得仔细一点。

在神社参道上开店

增田 ___ 那来讲点有趣的事吧。代官山茑屋书店除了面向旧山手路，在三栋建筑物之间，还有几条散步小径。其中一条，可以穿到另一侧，我们帮它取了个名字叫“花园小路”，意义类似神社参道。

川岛 ___ 为什么是参道？

增田 ___ 因为想营造走在神社参道上的气氛。至于神社的本堂，当然就是收藏了许多书籍、DVD、CD 的代官山茑屋书店了。神社是供奉魂灵的地方，而书店里，也供奉了小说、摄影集、电影、音乐。不论是写小说、摄影、拍电影还是作曲，这些全都是“人的灵魂”，不是吗？我们店里，供奉了充满“人的灵魂”的创作品，与神社是一样的。代官山茑屋书店就是这样的地方，所以我们才想赋予它神性。

川岛 ___ 我总觉得那里有种清灵的感觉，却不知道原来这是增田社长有意打造的。

增田 ___ 还有啊，神社参道，其实就是赋予人们一段时间，让大家穿越鸟居，走到本殿。人在走路时，想象力自然会活跃起来。我们想提供的，就是一段让来代官山茑屋书店的人享受散步的时光，以及想事情的时光。

川岛 ___ 不是要卖商品，而是想提供时间与空间。

增田 ___ 是的。所以，我们才会刻意不摆放任何招牌。这种空无的概念是很重要的，因为一旦有了杂物，人的注意力就容易被吸引过去从而中断思考。

川岛 ___ 听您这么一说，花园小路与其说是小径，不如说是类似广场的空间。一处空无一物、天空辽阔的地方。

增田＿川岛小姐，你抓住精髓了。代官山茑屋书店是一栋两层楼的建筑物，因此天空相当宽广。空空如也的参道与一望无际的天空，在这样的环境下，人就会“有时间”。包括在这里散步的时间、抬头看天空的时间，这样的时光是很美好的。我想为顾客提供的，就是这样的时间。

川岛＿辽阔的天空能让顾客感到舒服、自在。我了解您的想法了。但不只如此，包括建筑物的外观、店内的装潢及摆设、书的陈列、杂货的搭配方式等，这些全都得融为一体，才能让来访的人觉得舒服。

增田＿你说得没错。说到底，地点与空间，其实就是打造品牌的工具。

川岛＿地点与空间是打造品牌的工具？什么意思呢？

增田＿川岛小姐，请你试着想想看。若苹果公司没有开 Apple Store，只做计算机批发，还会有如今的品牌效应吗？

川岛＿意思是，拥有实体的地点与空间，对于经营品牌而言是必要的？

增田＿是的。开设能直接面对顾客的 Apple Store，是苹果公司品牌策略中非常重要的一环。换言之，在网络时代拥有实体店面，意义就在于品牌经营。

川岛 ___ 原来如此，正因为有了 Apple Store，苹果公司的品牌概念才能明快地传递出来，让大家切身感受到。

增田 ___ 从这点来看，无论是退出计算机业界的 IBM（国际商业机器公司）、NEC（日本电气股份有限公司），还是最近的日本家电厂，不是都没有自己的专卖店吗？从品牌经营上来看，我想这就是它们的弱点。

川岛 ___ 在时尚界，打造旗舰店充分展现品牌概念，几乎是业界的常识。

增田 ___ 没错。可见要经营好品牌，关键就在于能否营造空间、时间与顾客分享，能否赋予顾客品牌体验。例如爱马仕，倘若它只生产丝巾，放到百货公司销售，就绝对无法将爱马仕的理念传达出去。

川岛 ___ 您说得没错。

增田 ___ 爱马仕以压倒性的品牌实力设计原创店面，在待客、质量、装潢与展店策略上都不遗余力，对吧？如今网络普及，全民上网，有些人认为实体店面已经失去意义，我的看法却恰恰相反。要将企业与品牌的概念直接让顾客看见、体验、分享，在网络这样的场合是很困难的，毕竟网络是虚拟的。

川岛＿所以让顾客拥有实际的体验，就是经营品牌吗？

增田＿当然喽。即使是靠网络谋生的店，通过实体店面来展现概念，依然很重要。苹果公司就是很好的例子。

川岛＿可是增田社长，像爱马仕这类名牌确实是这样，可是书店应该跟这些名牌的定位不一样吧？像亚马逊那样，不是就已经很足够了吗？

增田＿那是因为亚马逊并没有认真在经营书店这个品牌。要打造品牌，绝对需要实体店面。另外一点，就是虽然用亚马逊买书的人确实在增加，但无论亚马逊多么会卖书，其销售额还是不超过日本全国书店销售总额的一半。

川岛＿咦？是这样吗？我还以为会卖更多呢。

增田＿所以，在实体店面卖书，其实还是有可能性的。因为实体店面与网络购物不同，有它独特的功能，那就是持续提供一处“让人想特地去买书的地方”。

川岛＿原来如此。就像买衣服的时候，顾客的动机往往都是“特地去买”。像是想去看整齐摆放的商品，想感受店里的气氛，想感受品牌的理念……但换成书店，就很少会让顾客“想要特地去买”了。大概是因为实体店面不够吸引人吧。

增田＿是啊。所以身为企划公司的 CCC，才要重新审视实体店面的意义，并思索如何打造企业品牌。这就是我们开设代官山茑屋书店的原因。

实体店面的优势是什么?

川岛＿增田社长，老实说一开始我听说 TSUTAYA 要在代官山开书店时，曾担心过到底有没有这个必要，毕竟现在网络这么发达，实体书店越来越常被忽略，到底为什么在这样的环境下，您还要刻意挑战实体店面呢?

增田＿你错了，川岛小姐，正是在这样的环境下，我才坚持要开实体店面啊。其实有段时期，我也常在思考网络时代实体店面的功用。

川岛＿＿那是什么时候的事呢？

增田＿＿正好是刚刚跨入21世纪的时候。那时CCC通过网络，开启了TSUTAYA online（TSUTAYA在线）这项提供文化产品的服务。其实那时我甚至也考虑过，要将经营资源全部投入网络产业。但后来我没这么做，还在1992年12月，开了“SHIBUYA[①] TSUTAYA”。

川岛＿＿不偏重网络，反而坚持开实体商店。这是为什么呢？

增田＿＿这个嘛，老实说，大概是因为当时我并不认为网络会变得那么普及吧。

川岛＿＿我想绝对不止这点。请您一定告诉我真正的理由！

增田＿＿好、好，我知道了（笑）。我想，大概是身为企划人的使命感吧，就是打造一个能够展现着眼于未来的实体店铺的魅力的地方。也因此我们才设立了代官山茑屋书店。此外，我还想将贯彻了相同概念的实体店铺推至全

① SHIBUYA：位于日本涩谷区的地标建筑，潮流聚集地。——编者注

国，因此创立了函馆茑屋书店。即便身处网络社会，实体店面依然能发挥十足的魅力，我有强烈的意愿想要证明这点。这家书店就是这么来的。

川岛 ___ 这次您的回答太霸气了（笑）。

增田 ___ 但这并不代表实体店面的重要性高于网络，而是我作为企业经营人，判断让网络与实体发挥相乘作用是最有利的，所以才想看看能提出什么样的企划案。这就是为什么 CCC 在 2002 年，开始提供网络宅配 DVD、CD 的租借服务“TSUTAYA DISCAS”，如今这项服务，已经拥有 160 万名会员了。

川岛 ___ 所以网络必须与实体共存。

增田 ___ 是的，不只是网络，也不只是实体店面。这是同时经营网络与实体渠道的企划公司才看得见的“实体店面的价值”。而这样的价值，一定要付诸实践。对我而言这是使命，我想让它问世。

川岛 ___ 可以再回答得清楚一点吗?

增田 ___ 我直接说结论好了。我认为在实体店界，也只有同时在经营网络版图的企业的店，可以在最后生存下来。换言之，同时拥有网络商城与实体店面的企业，未来的主力将会是网络销售。

川岛 ___ 网络购物虽然逐渐成为主流，但与顾客实际接触的店面也很重要。认清彼此功能上的差异，两边同时经营，就是企业该追求的。

增田 ___ 说得没错。往后实体店面要一肩扛起的，将会是“网络企业经营的实体店面”的角色。

川岛 ___ 届时实体店面所要负担的责任会是什么呢?

增田 ___ 借由网络得到的大数据与不必负担库存费用，以这两项网络商城的强大武器为基础，为可以直接接触到顾客的实体店面撰写企划、打造商店，创造竞争对手缺乏的顾客价值。

川岛 ___ 实体店面必须传达出品牌概念，提出能创造新的顾客价值的生活提案。这个流程中，就要善用从网络搜集而来的大数据。

增田 ___ 是的。为了创造顾客价值，大数据是不可或缺的。自

SHIBUYA TSUTAYA 以来，我就认为网络企业经营的实体店面大有可为。

川岛 ___ 反过来说，没有经营网络商城的店面，将来就无法生存吗?

增田 ___ 在网络企业经营的店面以外的实体零售店，在我看来恐怕都会阵亡。毕竟网络与实体相比，可以提供大量的商品却不必负担库存费，又具有无论何时只要连上网就能购物的便利性，实在太强悍了。

川岛 ___ 我想再问一个问题。到时实体店面的优势会是什么呢?

增田 ___ 在我看来有两个。其一是实时性。虽然亚马逊也有提供购物后当日配送的服务，但并不能点点鼠标，就当场拿到商品。

川岛 ___ 但到店里买，就能立刻拿在手上，我想顾客还是会有这样的需求。

增田 ___ 是啊。另一个就是直接性。在实体空间中，可以直接用五官去感觉，可以直接进行比较。购物时的那种兴奋感，果然还是得由直接性来赋予。

川岛 ___ 原来如此。实时性与直接性这两项要素，就是实体店面相较于网络商城所拥有的优势。

增田 ___ 嗯。

川岛 ___ 您刚才说 SHIBUYA TSUTAYA 的愿景是让网络与实体共存，所以那两大优势就是您下定决心这么做的转折点吗？

增田 ___ 现在回想起来，是这样没错。

川岛 ___ 在忠犬小八前十字路口这个东京正中央的精华地段，耸立着一栋巨大的 TSUTAYA，它和过去的 TSUTAYA 感觉似乎不太一样，看起来很招摇（笑）。可以请教增田社长，这里头有包含您说的实体店面才能实现的价值吗？

增田 ___ 过去 TSUTAYA 给人的印象，都是车站前的影音出租连锁店。

川岛 ___ 嗯，的确是。而且感觉有点土（笑）。

增田 ___ 这样啊（笑）。不过，我们其实是很重视设计感的。一开始的办公地点，就融合了 TSUTAYA、咖啡厅与企划公司于一体，在当时来说，这样的格局是很新颖的。而在 TSUTAYA 展开加盟以后，店面也都走向标准化并且统一设计。自那以后虽然过了将近三十年，TSUTAYA 内部的装潢，几乎还是保持了当时的模样。

川岛 ___ 也就是说，您一直都在开一模一样的店。

增田 ___ 没错。这样的格局，已经随着时代发展逐渐过时了。再加上自从 TSUTAYA 这个品牌出名之后，公司内部慢慢开始松懈，认为“只要挂上 TSUTAYA 的招牌，顾客就会上门”。再这样下去，店面设计一定会陆续被淘汰，这点我是有危机意识的。

川岛 ___ 所以说，已经有些停滞不前了?

增田 ___ 是啊。即使一开始踌躇满志，公司这种东西，就像社会性动物一样，随着体形变大、变壮，生活方式也会改变。而当方式改变了，就一定会丧失许多东西。但我的核心与精神没跟着改变，这总让我觉得怪怪的。

川岛 ___ 所以增田先生才会认为不得不改变。

增田 ___ 嗯，要改变，在我看来不变不行。原本我就认为，TSUTAYA 瞄准的未来不只是这样。它必须成为日本第一的娱乐销售公司，要卖书，也要卖DVD，还得是日本第一的唱片行。那要怎么传达出这样的概念呢？打广告？不，我想开店面会更合适。

川岛___让店面成为广告吗？

增田___店面毕竟是最大的广告。在涩谷十字路口前最精华的地段，开一间展现CCC概念的店，应该会比任何广告都来得有冲击性吧？而且除了能让许多顾客看到、从前面经过，还能让他们走进店里。

川岛___开在面向涩谷车站前十字路口的QFRONT[①]，从地下二层到地上六层，这么庞大的店面，以广告而言，宣传效果真的非常好。

附设咖啡厅

川岛___只不过，老实说SHIBUYA TSUTAYA开幕以后，我对

① QFRONT，位于东京涩谷的一座地标性大厦，日本有名的年轻人的汇聚地之一。——编者注

于 TSUTAYA 的印象还是几乎没有改变。

增田 ___ 川岛小姐，你真严格哪。我倒是在经营 CCC 品牌的情况下，开始察觉到了实体店面的意义。因此我的下一个企划，就不只是娱乐，而是打算认真做未来的生活提案，于是便在 2003 年 4 月，在六本木之丘开了 TSUTAYA TOKYO ROPPONGI。现在回想起来，大概从这家店开始，我就试图改变过去的图书分类了。

川岛 ___ 改成什么样子呢？

增田 ___ 取消我们熟知的过往书店摆书的模式，改成配合生活风格来分类。在全国的 TSUTAYA 中，这是第一家融合了书籍区与星巴克的读书咖啡厅。

川岛 ___ 在 TSUTAYA 里有星巴克，可以边喝咖啡，边看几本书，这在当时引发了热烈的话题讨论。

增田 ___ 我们用读书咖啡厅这样的企划案，提出了“有个地方能边看书边喝咖啡一定很棒”的概念。

川岛 ___ 喝着咖啡，尽情阅读喜欢的书与杂志，您是不是多少有

点参考美国的 Barnes & Noble[①] 的书店形态呢？（笑）

增田 ___ 川岛小姐啊，从顾客的角度来看，有些概念是否原创，其实根本无所谓。

川岛 ___ 的确，您说得没错。对于“新”的执着，其实只是提供者间的较劲。

增田 ___ 比起那个，我更想让顾客体验“认真享受挑书的空间与时光”的感觉。

川岛 ___ 在 TSUTAYA TOKYO ROPPONGI 开幕以前，日本从来没有读书咖啡厅吗？

增田 ___ 是的。所以当时反对的声浪很猛，让我头痛极了。说是“开这种读书咖啡厅，搞不好书反而卖不出去！”

川岛 ___ 这样啊。

增田 ___ 那时真的被疯狂反对，说是顾客只会边喝咖啡边看书，

---

① Barnes & Noble，美国最大的实体连锁书店，其网店也仅次于亚马逊。——编者注

看完就回去了，这样不可能会提升营收。但实际开业后如何呢？不但咖啡销售实现了庞大的利润，书籍的销售量也提升了。也就是说，这家店，让我察觉到书店这种低利润率的经营形态，其收益结构是可以被改变的。

川岛___读书咖啡厅这样的业界形态，可以变成一种商机。

增田___既然跨出了这一步，就得思考在书店里开咖啡厅的意义。

川岛___就我身为顾客的感觉是，有了星巴克，比起喝咖啡，其实我更喜欢“待在有书的空间里很舒服”的那种感觉。

增田___所以你应该知道，我想提案的并不是那一杯咖啡，而是“让顾客享有悠闲时光”。咖啡厅可以吸引顾客前来品味在这里度过的时光。

川岛___咖啡厅真是不可思议的地方。尽管有人，却不吵。无论一个人还是一群人，都能放松。工作或读书都可以集中精神，也可以发呆，明明大家各自做着自己的事，却觉得舒服自在，还能享受偶尔与陌生人交错的眼神。

增田___所以我想卖的，其实是“舒适的时光”。就这层意义来说，咖啡厅或许也拥有了实体店铺才具备的价值。

川岛 ___ 的确，在网络上感受不到现场的那种气氛。我一开始去 TSUTAYA TOKYO ROPPONGI 的时候，心想："哇，TSUTAYA 变得好漂亮。"若是这里，我还真想特地去逛逛。当然如果目的是买书，网络绝对比较方便，但我认为这里有网络缺乏的优点。

增田 ___ 你终于称赞 TSUTAYA 了，这样我就放心了（笑）。

川岛 ___ 但增田社长并未因此满足，所以才有了代官山茑屋书店。

增田 ___ 因为我觉得应该要提出更多的生活方案。而且不只书店，还得一鼓作气扩及商业设施，毕竟有些事情同样是商业设施做得到，但网络做不到的。我想追求这点。何况 CCC 原本就是一家发源自实体店面，之后才涉足网络商务的企划公司。我很自豪，CCC 同时拥有两边的知识。

川岛 ___ 相较于只靠网络取胜的企业，以及只开实体店面的企业，CCC 两者皆有，所以更有赢面。而且 CCC 不只开书店，还想打造包含商业设施在内的"有书店的小镇"。

增田 ___ CCC 的确有优势。

川岛 ___ 所以才会在开设代官山茑屋书店的同时，打造了代官山

T-SITE。那么 CCC 有哪些独特的优势呢?

增田 ___ 嗯……该怎么说呢?大概是具有“超越道理的感性要素”吧，这是我一直想呈现的。

川岛 ___ “超越道理的感性要素”?

增田 ___ 是的。换个说法，就是舒适感。我要追求的是实体店面才有的优势——舒适感。你想想看，网络能够提供给用户舒适感吗?我不认为。在我看来，网络跟它的名字一样，是网子，就像下水道网和铁路网一样，与舒适八竿子打不着。

川岛 ___ 这样啊，网络与舒适感完全处于不同次元。那么实体店面特有的舒适感，其精髓又是什么呢?

增田 ___ 就像我刚才说的，品牌是用地点与空间打造出来的。因此我认为，追求效率与质量一致的连锁店，很难酝酿出舒适感。

川岛 ___ 是啊，说到连锁店，虽然知道里头卖什么、店里长什么样会很安心，但反过来说，也代表去哪里都一样无聊，少了期待感。

增田___ 对吧？

川岛___ 对顾客而言，“特地去一家店”时，从车站走去店里的路上、沿途看到的风景、店里的气氛、离开店面时映入眼帘的街道，这些全部包含在舒适感里。因此我认为，未来刻意开到全国各处的规格统一的连锁店，将会逐渐失去意义。

增田___ 是啊。所以 CCC 完全没有要让代官山茑屋书店连锁化的打算。

川岛___ 但是应该会开其他的店，像函馆茑屋书店或湘南 T-SITE 一样，继承“茑屋书店”与“T-SITE”的名号吧？

增田___ 这与均质的连锁化又不太一样。往后 CCC 的主要目标，将会是在地方扎根，打造属于当地的茑屋书店与 T-SITE。代官山是一个开端，我们将会彻底分析当地以及聚集而来的顾客，打造适合他们的店面。当然，一些基本概念与知识是共通的，我们将以此为基础，设计出有个性的书店。

川岛___ 原来如此。这代表代官山是一个分水岭，在这之前与之后，策略改变了？

增田___不，我的想法是创造一个店面原型，让它普及，这点并没有变。只不过，TSUTAYA 在规模超过 1400 家店的阶段，成了均质的连锁店，这是必须重新探讨的课题，所以我才会决定从代官山茑屋书店开创新形态。

川岛___也就是说，这是化解独立店面与连锁店彼此对立的关键。善用独立店面的优点来开创的新形态连锁店，将会变成什么模样呢？这可是一场浩大的实验啊。

从危机感打造代官山茑屋书店

川岛___谈到现在，我已经很清楚“生活提案”这个概念并非您心血来潮，而是从草创期起一路贯穿到代官山茑屋书店的信念。那么，说得更具体一点，在生活提案这个口号下，代官山茑屋书店追求的到底是什么呢？

增田___代官山茑屋书店所追求的，是延续 TSUTAYA 的招牌，提供下一个阶段的生活提案。但一开始我宣称“要在代官山，开一家为生活提案的书店”时，包括员工，我身边所有的人都极力反对。不过反正以前我说的话他们也大多都听不懂，所以我想这也是没办法的。

川岛 ___ 毕竟街上的书店越来越少，代官山也不是什么人潮汹涌的地方。就连我都可以理解为什么会有“事到如今还要建大型书店，有必要吗？”这些反对声浪。

增田 ___ 老实说，当时我也不晓得会不会成功。

川岛 ___ 咦？是吗？可是您是提案者呀。

增田 ___ 所以才要做做看嘛。

川岛 ___ 非做不可吗？

增田 ___ “为生活提案打造书店”，是我心心念念的企划之一。同时，我也很关心书籍、DVD、CD 的未来。现在世界上，所有人都在说出版业不景气、民众不爱阅读，但我认为搞不好根本不是这样。身为一名企划人，我想证明这一点。

川岛 ___ 原来如此，所以您是刻意挑战的。但增田社长，您有思考过万一失败该怎么办吗？不会害怕吗？

增田 ___ 老实说，非常害怕。但另一方面，也有挑战的乐趣，一种超越恐惧的乐趣。不，应该说，唯有克服恐惧，懂得享受乐趣，人才能成长，这是我的想法。

川岛___关于这个挑战的乐趣，您可以告诉我多一点吗？

增田___在代官山，我想随着新书店形态的提案，好好验证自己从六七年前就开始描绘的 TSUTAYA 未来顾客群。如果能掌握未来顾客的“量”与“质”，身为企划人，就能知道下一步该做什么了。

川岛___意思是说，您认为维持现状，会让 TSUTAYA 的未来不稳定？

增田___如果维持现状的话，确实会如此。例如川岛小姐你说的，TSUTAYA 有点土，这些我都很在意。毕竟满足于现状，就不会成长。

川岛___所以才要通过代官山茑屋书店，针对 CCC 发想的“未来生活提案”与未来顾客群等大议题，进行庞大的实验。那么请您把内容完完整整地告诉我吧。

增田___好。但在谈它之前，我们必须先聊聊“新奇”与“丰富”不再有意义这件事。

商品的数量与新奇感不再有意义

增田 ___ 消费社会分成好几个阶段，目前正处于第三个阶段。

川岛 ___ 麻烦您从第一阶段开始讲解！

增田 ___ 哎呀，别着急嘛。第一阶段可以定义成“二战”后，那是一个物资缺乏的年代，顾客感受得到物品的价值。当有新的东西出现，店门口就会大排长龙，光这样大家就满足了。在日本，从“二战”后开始到经济高度成长期为止，都属于这个阶段。

川岛 ___ 那是一个物质开始融入生活，使人们感到富足的年代。厨房里摆放着微波炉，客厅里多了大电视，大概是这样的感觉。

增田 ___ 是的。那个时代“商品的新奇感”是有意义的。只要是新产品就能引发话题，都会有顾客想要。但，不知不觉，只要新奇就会大卖的时代逐渐过去了，物质开始普及，生产力也提升了，不久后，物品就泛滥了。于是第一阶段走向了终点。那么什么变成了新的主流价值呢？

答案是第二阶段，即购物平台的年代。

川岛 ___ 请问什么是购物平台的年代？

增田 ___ 就是东西已经普及，物质本身的价值逐渐降低的时代，大概是指 70 年代后半段。那么价值究竟转移到哪儿了呢？转移到吸引顾客前往，让他们在众多商品中挑选的场所了。当时均质的连锁店开始在全国出现，以实体店面而言，或许也可以说是连锁店的年代。

川岛 ___ 请再说详细一点。

增田 ___ 以店面来说，像是以 Daiel 为首的超市、以 SKYLARK 为龙头的家庭餐厅，以及最早进驻日本的麦当劳，这些都具有代表性。然后是长时间营业、提供最低限度民生必需品的 7–11 便利商店，网罗所有生活百货的 AEON MALL 大型购物中心，以亲民的价格售卖高机能产品的 UNIQLO 快速时尚。这些的根源全都来自美国，都是从国外传进来的。

川岛 ___TSUTAYA 就是在这个时代创业的。

增田 ___1983 年，我在大阪枚方市打造的茑屋书店枚方店，也可以说是其中之一。这些店面其中一项价值，就是品项齐全，所以我才会将电影软件、音乐软件与书籍，规划进同一家店里，好作为新的购物平台，让顾客从大量的物品中自由挑选。不过，TSUTAYA 并非以美国当范本，它不是进口的，所以在当时被视为异类。

川岛 ___ 在那之前，书就是要在书店买，录像带要在录像带出租店租，唱片要在唱片行买，您把这些各自分开的店融为一体，被视为了异类。

增田 ___ 是的。DVD、CD、书籍的销售渠道是不一样的，进货的批发商也不同。而 TSUTAYA 既不是唱片行，也不是影片出租店，也不是书店，是一种新形态的店，所以才会被排斥。

川岛 ___ 当有跨越业界壁垒的新东西出现时，保守的业内人士的确会视其为异类并排挤它。让我把话题拉回来。当时人们追求的是网罗丰富的商品，并能供其随时购物的购物平台。因此巨型购物中心、大型家电量贩店、快速时尚店、便利商店等业界形态逐渐连锁化并不断增加。

增田 ___ 而当购物平台发展到顶点时，以乐天为龙头的网络商城登场了。

川岛___随着网络普及，EC site 也出现了，购物平台变得更普及。尤其在经济泡沫破掉后的20世纪90年代至2000年，网络销售购物平台迅速增加，像亚马逊就是在 1994 年创立的。

增田___是的。借由网络的出现，购物平台飞越性地扩展开来。许多平台出现在网络上，顾客得以不受时间与地点限制，享受购物的乐趣。而网络因为具有商品丰富及营业时间长等优点，因而威胁到了实体店面。结果变得怎么样呢？就是购物平台开始泛滥。

让 30 名接待员在卖场扛起全责

川岛___也就是说，在第二阶段登场的购物平台，对顾客而言，价值也降低了。

增田___购物平台泛滥后，顾客会接着追求什么呢？我认为应该是挑选的技术。

川岛___挑选的技术？

增田___是的，这就是第三阶段。顾客已经进入了“拥有编辑权”的时代。

川岛___“拥有编辑权”是什么意思？

增田___以前，有的人会全身都是阿玛尼或香奈儿对吧？但现在已经不会这样了。顾客喜欢自己自由搭配各式各样的品牌与设计，打造属于自己的风格。

川岛___没错。能将路易威登与优衣库搭得好看的日本人的美感，其实很受国外的关注。这股风潮不只出现在时尚界，在其他领域也正在扩展。在饮食方面也是，就连一般家庭，都会将各国料理适度改变，与和食相结合。更进一步说，家常菜与便利商店的餐点，也同时出现在餐桌上。人们会依照当时的气氛与场合来挑选它们。

增田___是的。换言之，就是自己搜寻数据，依照自己的喜好编辑、设计出喜欢的内容。顾客开始思考如何展现自我风格，因此会挑选商品与店面，而我们就成了被挑选的那一个。

川岛___是啊。但另一方面，顾客也会觉得挑选很麻烦。例如室内装潢，尽管想要将房间装饰出自己的风格，想要将家具、杂物好好搭配(编辑)起来，但因为经验少，所以做不好，这时就会希望有专家可以提供帮助。

增田 ___ 没错。东西太多，就会不知该从何挑起。这么一来，想按照脑中的蓝图编辑，将自己的创意付诸实践，就很困难了。

川岛 ___ 对呀。这时就会想要有东西可以用来参考。因为顾客不知道什么适合自己，不晓得该在哪里买才好。购物原本应该变得很方便的，实际上却有点麻烦。

增田 ___ 就我的感觉，这种情况一直到现在都还在持续。所以我们这些店家，才必须积极提供生活提案，找出对每一位顾客而言有价值的商品，进行选择、提案。这种提案力是我们应该具备的。

川岛 ___ 既然是生活提案，那就不限于服装、家具或百货，而是所有。

增田 ___ 是的，换言之，就是要具备“推荐”的能力，告诉顾客“这对你是有益的”。不能将顾客生活中必要的物品好好推销出去，就没有意义，现在已经进入这样的时代了。

川岛 ___ 顾客会想要适合自己的推荐，不是全身穿阿玛尼这种，而是为自己的生活与喜好量身定做的推荐。

增田 ___ 说得没错。第三阶段顾客追求的价值，就是包含生活风格在内的推荐。少了这份提案力，东西就卖不出去，消费者就不会来店里。因此由店家提出的生活提案（推荐能力）非常重要。

川岛 ___ 往后，若是只想用新商品炒短线，或者只以庞大的商品数量取胜，这些纯粹贩卖的行为，都不会吸引顾客到店里。因为比起这个，顾客更想要的是生活提案力。

增田 ___ 这是最重要的。

川岛 ___ 听了增田社长的说明，我已经了解日本消费社会至今的演变了。但拥有挑选的技术并且能做恰当的推荐，难度可是非常高啊。

增田 ___ 所以代官山茑屋书店才会在各个领域，都配备具有完善专业知识的接待员。

川岛 ___ 代官山茑屋书店的建筑物分成三个区块，一楼全部是书店，一号馆的二楼是电影区，三号馆的二楼是音乐区。

而二号馆的二楼，则设有一座名为 Anjin 的漂亮酒吧。

增田 ___ 无论书籍、电影还是音乐，每个领域都有配置专业的接待员，一共 30 人。

川岛 ___ 咦，有 30 人这么多啊?

增田 ___ 接待员除了必须为自己负责的区块挑选品项，还得应客户的需求，推荐最适合的书籍。换句话说，拥有挑选的技术、负责推荐，就是接待员的工作，他们是“店面的编辑”。

川岛 ___ 这对顾客而言虽然是很贴心的服务，但因为对专业性要求高，所以工作起来应该不是很有效率。

提升客户的需求力

增田 ___ 川岛小姐，这跟效率其实没什么关系。毕竟这是生活提案中很重要的一环。欲速则不达，我是这么认为的。

川岛 ___ 上次您说过，“追求效率，不代表人就会幸福”。但这两者的情境并不相同。

增田 ___ 很像，但不一样。让我借着以上三个阶段的演变，稍微说明一下吧。

川岛 ___ 拜托您了。

增田 ___ 就像我刚才说的，第一阶段是物资缺乏的年代，只要把东西做出来，就会有人买。一开发出新商品，就会大卖。这点在第二阶段基本上也是一样的。在购物平台增加的时代，只要开大型的店，摆上满满的商品，生意就会好。因为从需求与供给的比例来看，需求方还是远大于供给方，换言之，就是需求大于或等于供给。那么川岛小姐，你认为在这种情况下，企业会怎么想？

川岛 ___ 开更多这样的店，卖更多商品，然后赚更多？

增田 ___ 是的。但光这样还不够，厂商还想要更有效率地制作产品来销售。需求（顾客）已经有了，就不必刻意开拓市场。只要致力于更有效率的生产、更有效率的销售就可以了，这么一来，自身的利润就会提升，也就能赚得更多。

川岛 ___ 原来如此。所以企业才会越来越追求效率，开发大量的新产品、大量上市。原来是以这样的结构在运转。

增田 ___ 嗯，但如今商品在市面上普及，情况已经大不相同。需求与供给的关系早就逆转了——变成需求小于或等于供给。所以不能像以前一样，一味追求效率。

川岛 ___ 即使大量生产同质的商品，人们也没那么需要，所以无法引起大量消费。但企业仍想让以大量消费为前提的系统更加高效。

增田 ___ 是啊，明明物质已经过剩，却仍以大量需求为前提，强化供给能力，追求效率，这样的企业并不少。明明只做这些事，顾客也不会上门。

川岛 ___ 难怪新产品推出时，顾客不会兴奋地说："这个我想要！"因为他们已经觉得"吃太饱了，不想要"。也就是说，"日本的消费核心已经不再是效率"了。

增田 ___ 不止日本，所有发达国家都一样。明明"消费核心不是效率"，再这样下去只会一路走下坡。

川岛 ___ 那企业该怎么办呢?

增田___别再执着于强化供给力，而是要让需求力科学化，并且提升需求力。

川岛___什么是“提升需求力”？

增田___大家全都强化供给力，结果就是产品与店面增加了，导致被顾客挑。往后若无法成为被顾客选中的店，营业额就不会提升。换言之，效率并不能成为武器。

川岛___不能成为武器？

增田___第一阶段的重视效率，是以营业额会提升为前提的结构。只要这个前提消失，就没有意义了。

川岛___那大家应该会隐隐约约知道呀，为什么企业还是那么重视效率呢？

增田___过着平常日子的一般人是可以切身感觉到这点的，但若站在企业的立场来看，很容易就会被过去的成功经验束缚。他们养成了“过去都是这么做，往后也要继续做”的惯性思考习惯。但这样是没有未来的。

川岛___会这么肯定吗？不过我听了您的一席话，大概知道为什么在企业工作的人，看起来都不太幸福了。因为连自己都不接受了，还要为了制造大量的新产品、为了大规模卖场的需求而拼命加班，做出来的东西又卖不好、商品无法引爆人气，一切都不顺，这样当然会累呀。

增田___工作不快乐、不幸福。从以前我就认为，这样的体制不健全。

川岛___可是增田社长，幸福地工作虽然理想，却也很难达成。这点我一定要吐您的槽。那么回到刚才的疑问，该怎么做，才能提升需求力，而非强化供给力呢？

增田___就是通过生活提案，成为让顾客想特地来逛的店，以及想来买特定东西的地方。就像我刚才说的，要成为“被顾客选中的店”。

川岛___果然还是要生活提案。

增田___只有这个办法。

最早成熟的时尚业界

增田 ___ 川岛小姐，你知道马斯洛（Abraham Harold Maslow）的需求层次理论[①]吗?

川岛 ___ 我知道。

增田 ___ 根据这个理论，现在的消费者，正好处于五个需求层次的最上层。换句话说，他们为了生存所需的生理需求、安全需求已经被满足了，如今重视的是自我实现。企业必须具备的，就是应这种自我实现需求的提案能力。

川岛 ___ 麻烦您再说得仔细一点。

增田 ___ 以时尚举例好了。

川岛 ___ 增田社长，我也是时尚业界出身的，请您一定要告

① 由美国心理学家亚伯拉罕·马斯洛于 1943 年提出的“需求层次理论，把人的需求从低到高依次分为生理需求、安全需求、社交需求、尊重需求和自我实现需求”五个层次。——编者注

诉我!

增田 ___ 我知道了。

川岛 ___ 首先，在物资缺乏的战后时期，以克里斯汀·迪奥（Christian Dior）推出的New Look（新风尚）系列为代表，使用大量布料、充满女性柔美风格的款式，开始流行。

增田 ___ 是的。之后就像迷你裙、牛仔裤一样，现在的团块世代所创造的年轻时尚风行。更进一步说，其前身就是发祥自银座“御幸族”[①]的“Ivy Style”（学院风）。

川岛 ___ 所以说，时尚的第一阶段，是20世纪60年代至70年代、日本经济高速发展的时期，也就是刚才说的迷你裙与牛仔裤风行的时代。而第二阶段，则是70年代后半期至80年代的经济泡沫期，那时品牌与服饰店开始多样化，购物平台逐渐丰富。我记得增田社长，您就是在那时候进入时尚界工作的。

---

① 日本流行词，指不遵守现成秩序、惯于自由行动、自由思考的青少年群体。——编者注

增田 ___ 是的，那是 1974 年的事，大学毕业后，我到铃屋就职。我很喜欢时尚，曾经边读大学边到上田安子服饰学院[①]听课，还制作了服装。至于为什么要选择铃屋，是因为我看了一本由生活风格制作人滨野安宏先生写的书《时尚化社会》（1970 年出版）。滨野先生在这本书里说过，“所有的产业都是时尚业”。所以我才想，总之先到时尚界做做看。

川岛 ___ 当时的铃屋，不但在全国开设了连锁专业服饰店，也积极涉足新业界形态，生气蓬勃。

增田 ___ 是啊。毕竟那是一个“时尚引领时代”的年代。

川岛 ___ 之后到了 70 年代至 80 年代，时尚界的人们除推崇三宅一生、川久保玲、山本耀司等日本设计师品牌以外，也崇尚阿玛尼、香奈儿这些外国精品，卖场于是雨后春笋般冒出来。

增田 ___ 也就是购物平台慢慢普及了。然后就进入了第三阶段。

---

① 上田安子，昭和年代后期的时尚设计师，曾拜师克里斯汀·迪奥（Christian Dior），并于 1976 年创立上田安子服饰学院，是日本时尚业界的先驱。——译者注

时尚界的第三阶段，大约是从 90 年代开始的。

川岛 ___ 就是选品店的时代。该店的采购人员，会挑选出有价值的商品，并向顾客提案。这种业界形态获得了人们的瞩目，BEAMS（日本著名潮流百货品牌）与 UNITED ARROWS(日本时尚服饰品牌）也是在这时候突然蹿起。以刚才的访谈内容来说，这些店都具备了挑选的技术，所以让人信服。

增田 ___ 毕竟所谓的选品，就是向消费者推荐嘛。

川岛 ___ 这样思考的话，时尚领域其实领先于饮食、居住这些领域，率先踏入了第三阶段。

增田 ___ 没错。在生活风格中，时尚是最早进入第三阶段的。这意味着，滨野先生在 20 世纪 70 年代所说的“所有的产业都是时尚业”是正确的。时尚产业已经先行演变，之后则是饮食、居住。

川岛 ___ 紧跟在时尚后头，其他产业也进入了第三阶段，人们开始要求挑选的技术与推荐。

增田 ___ 你说得没错。反过来说，最早进入第三阶段的时尚业，如今也是最低调的。它已经成熟到了一定的程度，或许正在摸索下一个阶段吧？其实可以再活泼一点。

川岛＿＿位于第三阶段已经常态化，因此相对的，新动作不再引人注目。我懂您的感受，希望时尚业可以进行更多的挑战。听到这里，大概是因为增田社长也在时尚业待过吧，举的例子都很有说服力。或许正是因为拥有如此敏锐的观察力与直觉，才把您带到了当时的时尚业。

增田＿＿川岛小姐，你想太多啦！

川岛＿＿是吗？我不这么认为（笑）。那以这份直觉为前提的代官山茑屋书店的未来顾客群又会是哪些人呢？

增田＿＿很简单。顾客（人口）正在逐渐减少，这点不用我说。日本的人口结构，直到我们这些团块世代出生为止，都是完整的金字塔型。

川岛＿＿所谓团块世代，就是指战后婴儿潮，日本的年轻文化很多都是由他们创造的。现在他们大多在65~75岁，是人口最多的世代。

增田＿＿是的。瞄准这群团块世代！就是代官山茑屋书店的战略。

川岛 __ 怎么突然讲到代官山与团块世代了?会不会跳太快了(笑)?

增田 __ 抱歉,抱歉。为什么是团块世代呢?我来谈一下中间的过程好了。但在这之前,必须先稍微说明一下,这个世代与消费社会之间的关联。

川岛 __ 拜托您了。

以团块世代为顾客群

增田 __ 从团块世代与消费者之间的关联来看,有三个重要的时期。其一是20世纪70年代前后。当时团块世代离开大学开始工作,由于薪资很低,因此虽然是劳工,作为消费者却无法形成庞大的市场。

川岛 __ 类似《平凡Punch》《an · an》《non-no》这些符合该世代取向的杂志,都对年轻文化产生了很大的影响,甚至因此出现了“an-non族”。

增田___是这样没错。杂志这类信息传播载体，的确让团块世代变成了消费群体之一，但就购买力而言，它还不是主要群体。

川岛___以刚才谈的内容来说，那是一个从物资缺乏转向物资丰饶的年代，也就是第一阶段的尾声。

增田___没错。在逐渐富庶的第一阶段，将购物消费扩大开来的，最后还是团块世代。下一个重要的时期是 80 年代，那时团块世代结婚、有了家庭，从劳工转型成生活者。

川岛___那个时代的家庭，人称新式家庭。

增田___是的。他们不受传统家庭制度束缚，结婚后就离开老家，是最早建立属于自己的小家庭的世代，因此才会被冠上"新式"的称号。随着建立家庭，到了三十几岁，薪水也提升了不少，他们从劳工转变成了生活者，加上人口众多，因此成了被瞄准的目标。这个时代出现的新业界形态有很多，例如便利商店、快餐餐厅、家庭餐厅等。这些零售平台的目标族群，就是新式家庭。

川岛___刚才说过，这些业界形态，几乎都是从美国传入的。

增田___日本人憧憬欧美生活，就这个时代而言，他们崇尚美国更甚于欧洲。团块世代建立的新式家庭，其最终目标就是美式生活。所以从美国传入的购物平台才会这么受欢迎。

川岛＿物资充裕后，人们开始注重品类是否完善、是否能随时自由购买等。而范本就是美国。于是日本从第一阶段，进入了第二阶段。

增田＿下一个是 90 年代。团块世代这时已经四十多岁，薪水更高，包含太太与小孩在内，成了舍得花钱的消费主力人群。

川岛＿团块世代终于成功吸引目光，变成日本最主要的消费群体了?

增田＿是的。另一方面，由于泡沫经济，企业利润也跟着泡沫化。消费力、劳动力与企业利润全都变得丰厚起来。

川岛＿现在回头看，当时整个日本都沉浸在欢欣鼓舞的气氛里。

增田＿其实也没这么夸张。事实上那阵子日本市场已经走到了死胡同，也就是到了增长的极限，之后就开始走下坡路了。

川岛＿以阶段来看，就是被第二阶段到第三阶段的转角给挡住了。所以即便推行多店铺化、连锁化，看到的也都只是死路。一定要针对第三阶段给出策略才行。

增田 ___ 但企业仍旧持续增设购物平台，大量地提供产品，导致只能停留在第二阶段，真是大错特错。从人口来看，即便比团块世代年轻的“小团块”也有一波高峰，但人口还是持续减少，整体的人口结构，很明显正在成为倒金字塔。这代表市场已经不会再成长了。

川岛 ___ 但大部分的企业，至今仍然不断编列更多的预算，来拼命达成业绩。

增田 ___ 所以我说那是大错特错。这并不是基于过去成功的经验再多努力一点，就能解决的问题。经济泡沫时代的利润之所以不停成长，除了东西卖得好，人力成本相对低廉也是原因所在。但现在正好相反，不但东西卖不出去，企业里还有大量的中高层，人事费用压不下来。

川岛 ___ 那该怎么办呢?

增田 ___ 很简单，光看人口动态就知道了。以人数最多的团块世代为客群，才能产生合理的商业利润。而且，未经开发的市场一旦被开发出来，就有很大的机会意外翻盘。

书店不仅是卖书的

川岛 ___ 增田社长打算针对团块世代，祭出什么样的生活提案呢?

增田 ___ 首先，我把目标放在“我”身上。因为我就是团块世代的中坚族群，同时也是接下来要谈的“白金世代”。

川岛 ___ 用自己的亲身感受来企划。

增田 ___ 是的。但我是在彻底掌握市场背景后，才这么判断的。团块世代有钱又有闲，与过去的六七十岁的老人不同，活得健康又有朝气，年轻的时候，还接触过电影、音乐、戏剧、艺术、书籍、杂志这些文化，想再次回味过去的电影、音乐，想要阅读的娱乐欲望都会比上个世代高。我察觉这里蕴藏着很大的可能性，因此称这个世代为“白金世代”。

川岛 ___ 那您打算针对白金世代打造什么样的店呢?

增田 ___ 我的构想是，创造一个能让这个世代的人喜爱，并且特地前来的地方。看看能否打造出新的“文化森林”。

川岛 ___ “文化森林”？

增田 ___ 如同我刚才解释的，在这个世代中，有一部分人对文化非常关心，而且经济条件宽裕。我想以他们作为目标客群。

川岛 ___ 关于团块世代取向的文化森林，与代官山茑屋书店之间的关联性，麻烦您再讲解得具体一点。

增田 ___ 书籍的内容，其实就是生活提案的集合体。无论杂志还是书籍，都是人想和他人传达些什么而做出来的。换言之，就是针对某事提案所诞生的产物。因此，书籍本身，就具备了生活提案的能力。

川岛 ___TSUTAYA 除了书籍，还有音乐与电影……

增田 ___ 当然，无论是音乐还是电影，就内容而言，意义几乎完全一样。它们与书本相同，都具备生活提案的能力。但这里有一个关键，就是我们绝对不能“卖书”。

川岛 ___ 啊？不能“卖书”？我又一头雾水了。

增田＿我曾和某位法国摄影师聊天，他说："我负责摄影、卖照片，但我卖的其实是礼物。"说得实在太好了。前面我也说了，无论写小说、拍电影、摄影、作曲，这些都是"通过'人的灵魂'凝练出来的技术"，都是由想表达些什么、想提案的强烈精神创造出来的。

川岛＿"通过'人的灵魂'凝练出来的技术"?

增田＿想将自己感动的心情分享给他人，是人与生俱来的欲望。

川岛＿所以世界上才会有那么多书籍、音乐与电影。

增田＿没错。当这些经由感动呈现出来的书籍、音乐、电影，所饱含的强烈精神传达出来时，接收者一定会受到某些影响。可能是"我也想过那样的生活"，也有可能是"原来还有这种生活方式"。

川岛＿这与生活提案不是一样吗?

增田＿所以我刚刚才说，卖书靠亚马逊就够了，我要卖的不仅是书，生活提案才是我认为非卖不可的东西。我想将代官山茑屋书店变成拥有许多生活提案的文化森林。要做到这点，靠网络是行不通的，一定需要实体空间。加上我是要针对白金世代进行生活提案，恐怕没有比代官山这个地方更合适的了。

川岛 ___ 我已经知道白金世代取向的文化森林，实体地点就是代官山茑屋书店了。但我有一个疑问。团块世代因为人口众多，各行各业都曾以它为顾客群，开发了许多商品与卖场，但至今还未看过有人大获成功。这是不是因为瞄准团块世代，实际上比想象中困难呢？

增田 ___ 是的。就连 TSUTAYA，在过去也从未吸引过团块世代。TSUTAYA 的核心顾客群是二十多岁与三十多岁的年轻人，而团块世代大多不会来店里。所以我才会想，TSUTAYA 能不能吸引白金世代的客群？如果为他们认真打造一家店，会怎么样？

川岛 ___ 这是增田社长的挑战。

增田 ___ 比起整个团块世代，我更想瞄准的是好奇心旺盛、文化程度高的人，也就是白金世代。他们是一群知道如何享受生活的人，对于我们公司的提案能力，一定会给予严苛的试炼。而 CCC 就是想在这个地方一决胜负。

壁垒不分明的店才有意思

川岛 ___ 那么针对白金世代，第三阶段的生活提案，又该如何进行呢?

增田 ___ 首先一定要提供那个世代的人同意的生活模式。在这里，我有一个疑问想问川岛小姐：你对一般书店的印象是什么?

川岛 ___ 这个嘛，正面平放着新书与畅销书，入口附近有杂志区，分为男性杂志、女性杂志等。再往里面走，有单行本区、文库本区，可能按照作者名字的五十音，也有可能按照出版社来排列，每家店都不太一样，不过都会有某种标准的分类。然后就是旅游、电影、音乐等相关的书，会摆在深处的专业书柜上。大概就是这样吧?

增田 ___ 是啊，但这样的店是不能满足白金世代的，因为在我看来，它们并没有进行生活提案。

川岛 ___ 一开始拜访代官山茑屋书店时，我就立刻发现它与一般书店的分区方式截然不同。

增田 ___ 这就是我要的效果。我尝试了白金世代取向的“依生活提案分类”。也就是以生活提案为轴心，将过去书店的分区完全打乱，按照旅游、饮食、料理、人文、文学、设计、建筑、艺术、车等领域来规划区块，并且打破单行本与文库本的区隔，选好书后以跨领域的方式排放在一起。换言之，架上摆放的书，本身就会变成一种“若要去这个国家旅游，那你可以试着接触这个文化”的提案。例如，假设你想去英国旅游，那应该除旅游指南以外，也会想看写有英国最新信息的杂志，会想看英国电影，听英国音乐，阅读有关英国的散文与小说对吧？

川岛 ___ 也就是通过书籍分类的方式，向顾客“进行生活提案”。

增田 ___ 因此，无论是文库本、单行本还是专业书籍，它们都可以摆在一起。

川岛 ___ 代官山茑屋书店的确没有文库本区、单行本区这样的区隔，但这是增田社长您对我说，我才注意到的。可见对顾客而言，是文库本还是单行本，根本无所谓。因为重点是顾客想要阅读什么，想要知道什么。这么基本的事情，过去的书店却都没有做到。

增田 ___ 所谓业界的约定俗成，就是这么回事。

川岛___ 这样不就与第三阶段顾客的实际感受背道而驰了吗?

增田___ 是啊，不过，你可能会以为要改变图书分类是小事一桩，其实那是相当浩大的工程，而且内部的编辑作业也很庞杂。

川岛___ 编辑作业是?

增田___ 例如，假设有料理区，我们就会想出好多个能击中客户心的提案，比如“搜集与医食同源的历史及实践相关的书”，若有旅游区，就是“从艺术面来导览魔法之都布拉格”，然后按照主题网罗书籍与杂志。这其实是高度专业化的编辑作业。

川岛___这些都必须具备刚才说明的接待员（书店编辑者）能力，也就是实际可行的观点与有关书籍的广博知识，否则就做不到。

增田___ 在这里可以换我问川岛小姐一个问题吗?

川岛___ 当然。

增田___ 你在代官山茑屋书店感受到的快乐，具体来说是什么?

川岛 ___ 嗯，这个嘛，应该是自己的兴趣被串联起来的兴奋感。例如料理区，普通的书店会将食谱一字排开，代官山茑屋书店就不太一样了。它会依照领域来分类，如果有食谱，旁边就会有与料理相关的散文、国内外的小说，有时还会卖烹饪器具与食材。将摆在隔壁的书一本一本地看下去，时间不知不觉就过了。

增田 ___ 是啊。代官山茑屋书店尝试的提案，不只是书，还包括与之相关的事物。

川岛 ___ 事物？

增田 ___ 例如，在旅游区旁设立旅行社的柜台，这样看完书若想去那个国家，就能在柜台查有哪些旅游方案或可以报名的旅行团。以这种思维来延伸，在食谱区旁设立厨艺教室，不也很有意思吗？

川岛 ___ 这个概念已经在2014年12月开幕的湘南T-SITE实现了。那里的食谱区隔壁，就设有烹饪台。

增田 ___ 我们打算以那里和湘南Lounge（客厅、休息厅）为核心，每年举办1000场以上的工作坊及活动。

川岛 ___ 好惊人的数字。跟刚才的旅游一样，如果厨艺教学活动真的在书店里举行，那我应该会很好奇、很想报名。原来这就是事物的提案。

增田 ___ 将网络做不到的事情，透过LIVE（现场直播）的方式执行，这点非常重要。所以我特别重视可以现场执行的提案。

川岛 ___ 不过，每年要举办1000场工作坊及活动，实际的企划与营运肯定会困难重重吧。

增田 ___ 所以企划一开始，一定得有人劳心劳力并且倾囊相授。代官山茑屋书店的目标，是成为将书店与30家特色商店无缝串接的文化复合设施，因此所有的店面里都要摆书，模糊与书店的分界。“让书店与专卖店用充满生命力的方式串联在一起”，就是我所做的尝试。

川岛 ___ 书店与商店的界线模糊，这种暧昧的感觉真的很有趣。书店逛着逛着，商店就出现了，穿越商店，对面就是书店。有食品店、杂货店、服饰店，每家都富有特色，逛起来很开心，甚至还有装潢得漂漂亮亮的银行。看看活动一览表，除了有“大人的药膳料理教室”“手作酱油教室”，还有音乐会、脱口秀等一连串的节目。通过这些活动，让人期待得不得了“还要再去！”就是实体店的独门功夫了。像这样进行生活提案，商店一定会越来越有趣。

增田 ___ 是啊，有太多活动可以办了。我认为这就是让实体店面优于网络商城的其中一种做法。

停车场看得到宽广的天空，会让人想再来

增田 ___ 川岛小姐，还有一件事情很重要。

川岛 ___ 是什么呢?

增田 ___ 所谓的企划，其实就是提升顾客价值。企划公司必须是“以提升顾客价值为目标的公司”，这点绝对不能忘。

川岛 ___ 也就是站在顾客的角度，提升店面的价值。但光这样听起来，和营销的原理、原则并没有不同。

增田 ___ 不是这样的，比如说这个例子。在我创办 TSUTAYA

时，就决定营业至深夜。那时并不像现在便利商店那么常见，因此业内人士都认为我是异类。当时我所想的，并不是把营业时间拉长多赚一点，或者开到凌晨，让顾客觉得我们很认真，而是我认为，在夜幕低垂的时候，挑选或购买书籍、电影、音乐这些软件，对顾客而言是一件很享受的事情。换句话说，我想的其实是提高 TSUTAYA 对顾客的价值。

川岛 ___ 原来如此，这就是以提升顾客价值为目标。

增田 ___ "让顾客幸福、生活多姿多彩的企划公司"是我一路走来的愿景。这听起来很理所当然，但其实很多企业都做不到，毕竟为了配合公司的状况，有太多东西必须舍弃。于是购物平台便越来越多了。

川岛 ___ 购物平台的价值，在于顾客可以从众多商品中挑选想要的东西。听您这么一说，这几年来无论去哪里，百货公司、时尚百货、大型购物中心、快速时尚、便利商店、超级市场等购物平台都几乎泛滥成灾了。

增田 ___ 对吧？所以我决定改变这种购物平台的结构，有四种业界形态的改革是我的目标。

川岛 ___ 是哪四种呢?

增田 ___ 书店、图书馆、商业设施、家电行，我想以顾客的视角重新检视这四种业界形态，将过往的架构转换成全新的模样，这不靠改革是行不通的。

川岛 ___ 嗯，可是为什么是这四种呢?话说回来，这四种业界形态的平台虽然变大了，却都缺乏生活提案，不会让人有所期待，仿佛“已经走到了尽头”。

增田 ___ 所以改革是必要的。明明现在已经不是平台的时代了，业界却仍然追求精简化与效率化，不断打造相同的购物平台。因此我必须通过这四种业界形态，来追求第三阶段的生活提案，这是我的使命之一。

川岛 ___ 使命吗?

增田 ___ 是啊。身为接收者的顾客，已经比身为提供者的企业，领先一到两步了不是吗?而我的使命，就是执行能缩短这个距离的生活提案。

川岛 ___ 以今天谈过的内容来说，就是顾客已经在第三阶段了，企业却还停留在第二阶段。

增田 ___ 是的。川岛小姐，你知道为什么吗？因为一旦打算提升顾客价值，效率就会降低。这在前面已经说明过了。

川岛 ___ 啊，之前的确说过“追求效率，不代表人就会幸福”。

增田 ___ 那么生活提案有可能效率化吗？答案是不可能。它不是那种可以样板化、精简化、效率化的东西。生活是会随着时代改变的，而既然是提案，自然就得给出比现在更先进的内容。当然，我刚开始工作时做的生活提案，与现在做的生活提案完全不同，往后也会不断进步，所以根本不可能效率化。

川岛 ___ 但就像您刚才说的，这四种业界形态，仍然不断朝着效率化推进。

增田 ___ 是的。就以我在打造代官山茑屋书店时发生的事情为例吧。我规划了一处能停放 120 辆车的平面停车场，若以效率为出发点，这是绝对不可能的事情。一般都会盖机械式停车场大楼，来容纳更多的车辆。因为这样能增加更多的卖场面积，用起来更有效率，但我认为这样是无法提升顾客价值的。

川岛 ___ 什么意思呢？

增田 ___ 因为在停车场停好车，打开车门走出来时，周围若是枯燥乏味的停车场，就会少了一股要到店里购物的兴奋感。那若要让顾客的心情更好，该怎么做呢？思考后，我想出了答案。我想让顾客感受代官山这片土地盎然的绿意与辽阔的天空。走到店外时的开放感，是这家店的魅力所在，对于提升顾客价值而言是必要的。只要让顾客体验一次，想必他们就会想再来，一定还会再造访。

川岛 ___ 这么说来，代官山茑屋书店里的花园小径，从效率的角度来看也不太可能出现。

增田 ___ 是的，这两者是完全一样的。花园小径也是为了让顾客感受到开放感才打造的。另一个原因，则是我很注重人性化。

川岛 ___ 人性化？

增田 ___ 就是从人的角度，站在顾客的立场看事情。其实这是理所当然的，毕竟要说商店是为谁开的，当然是顾客。若从顾客的角度来俯瞰，那么一处场所或一家店，就一定得有它独特的舒适感，因为这就是价值所在。这里我又要啰嗦地强调一次，“所谓企划，就是提升顾客价值”，这是我一路以来的想法，所以人性化是不可或缺的。

川岛 ___ 高楼大厦里的复合式商场或巨大购物中心，虽然什么都有、非常方便，但感觉去哪里都一样，没有任何一家店是让人“无论如何都要去的”或“想特地跑一趟的”。原因就在于它们舍弃了人性化。

落后于衣、食的住

川岛 ___ 访谈进行到这里，我已经了解 CCC 通过家电行茑屋家电，来打造“想特地跑一趟的店”的理念了。就像代官山茑屋书店超越了书店的框架一样，茑屋家电也突破了家电行的限制。

增田 ___ 是啊。话说回来，我认为在生活当中，让生活形态变美好的东西是有顺序的。

川岛 ___ 顺序?

增田 ___ 是啊，第一是时尚。

川岛 ___ 的确是。

增田 ___ 也就是衣，接着是食，然后是住。

川岛 ___ 原来如此，如今衣、食已经达到一定的标准，要进入住的时代了。

增田 ___ 是的。但你不觉得，关于住，通过“挑选的技术”来进行提案的店，比想象中的少吗?

川岛 ___ 在茑屋家电所处的二子玉川一带，已经有许多国内外的时尚品牌了。有珠宝商、快速时尚，也有选品店。

增田 ___ 是的。最完整、丰富的就是时尚。无论舶来品还是平价商品，应有尽有，甚至已经没有必要跑一趟银座或涩谷了。而食也是，从老字号到新店家，从高级餐厅到廉价美食，选择非常多元。然而二子玉川的住却远远不足，不过这并不只限于二子玉川，而是全国都一样。

川岛 ___ 的确如此。

增田 ___ 与住相关的店跟与衣、食相关的店比起来压倒性的少，是日本的现况。

川岛 ___ 在二子玉川的大型开发案中，很多大楼都是低楼层是商业设施，往上是办公室与住家。这代表有很多人住在这里或在这里工作，然而店面却很少。为了满足需求，与住相关的店就显得很重要了。

增田 ___ 是啊，即便有许多盖好的住宅及办公室，二子玉川却没有一家在做“居住风格提案”的店。

川岛 ___ 就像刚才您说的，时尚就某种意义上而言，已经迈入第三阶段了，但“住”接下来才要开始。而接下这个担子的，就是茑屋家电。

增田 ___ 说得没错，敬请期待。

将书店的知识活用于图书馆

川岛 ___2013 年重新开幕的佐贺县武雄市图书馆，也引发了热烈讨论。

增田 ___ 那是 CCC 第一次打造图书馆。当时武雄市的樋渡启佑市长在电视上看到代官山茑屋书店，脑中闪过“就是它！”后，便直接来拜托我们。当然，那是我们第一次见面。樋渡市长告诉了我他的想法：“现在只有两成市民会使用图书馆，我想改变现状，让图书馆变成更开放的空间，并以图书馆为起点，从年轻人与孩子开始，打造让市民骄傲的城镇。为此，图书馆必须改革。”

川岛___这个故事好有趣！虽然有点偏离主题，但可以请您多说一点吗?

增田___不不，这没有偏离，这就是主题，毕竟对CCC的未来而言，图书馆也是重大主题之一，我就挑重点说明好了。事实上，在樋渡市长联络我之前，我就认为图书馆的改革势在必行。

川岛___图书馆是增田社长说的“需要改革的四个业界形态”之一。

增田___就像之前说的，书籍是提案的集合体，因此在我看来，由书累积而成的图书馆，将会是之后社会最该重视的公共设施。代官山茑屋书店就有“森林里的图书馆”的意象在，因此，当樋渡市长拜托CCC打造武雄市图书馆时，我一口就答应了。而且不是只有改造图书馆，CCC还被邀请为指定管理者，一同协助营运。

川岛 ___ 这座图书馆进行了哪些改革呢?

增田 ___ 在武雄市图书馆，我们以樋渡市长察觉的课题为基础，站在用户的视角，彻彻底底地重新检视过去的做法。例如，将开馆时间从早上 10 点至晚上 6 点，延长成早上 9 点至晚上 9 点；将一年 34 天的休馆日取消，改成全年无休；馆内进驻星巴克，规划成能边喝咖啡边看书的读书咖啡厅的形式；合并设立影音软件租借区；开设贩卖杂志、书籍、生活杂货的书店。这个计划非常赶，必须在一年内全部贯彻执行，不过总算是挺过来了。

川岛 ___ 这是新业界形态，又是和政府合作，这么大的改革，肯定遇到了不少困难吧?

增田 ___ 从樋渡市长开始，市政府的工作人员都很有理念与热情，全力协助我们，所以才能成功。比较麻烦的是藏书分类的改变，日本图书馆的藏书，是由日本十进分类法这个在 1928 年制定的古老分类法来管理的。它虽然有修订，但依然不合时宜。因此我们规划了 22 种新分类，将一共 20 万册的藏书全部重新配置。

川岛 ___ 这个工作光听就要昏倒了。

增田 ___ 我们把用 7000 个瓦楞纸箱装好的藏书，先暂时搬到体育馆去，光这就累死人了，感觉就像做了 20 万册藏书的“编辑”。其中我借鉴了代官山茑屋书店的经验。

川岛 ___ 代官山茑屋书店实施的以生活提案为基础的分类，在武雄市图书馆也派上用场了。

增田 ___ 是啊。那川岛小姐，你去武雄市图书馆后，觉得怎么样？

川岛 ___ 我觉得那里不像公共图书馆，这是赞美的意思。地方城市常见的公共图书馆，虽然外观气派，一进去却很拘谨、老土，而且没多少人，待起来一点也不自在。这样的图书馆真的很常见，但这里不同。

增田 ___ 很漂亮吧？

川岛 ___ 很漂亮。正面是落地窗，进去后是木质的宽敞空间。大型天井的一部分延伸成二楼往外突出，上头排满了藏书，环视过去相当壮观，而且到处都设有桌子与吧台，可以一手拿着咖啡好好放松。往里面走，有报纸区与专业书籍区，那里很安静，就像私人房间一样，让人能够静下心来，我很喜欢。

增田 ___ 这虽然不是新建而是改建，但几乎全部重新做过了。

川岛 ___ 这样啊。其实我觉得最美的，与其说是图书馆这个硬件，倒不如说是在里头的人。有人盯着书架，有人用功读书，来访的人找出了各种使用图书馆的方法并且享受它，令人印象深刻。

增田 ___ 从开幕以来那里一直很受欢迎，平日每天约有 1000 人来访，周末每天约有 4000 人，盂兰盆节和过年期间，人数会超过 5000 人，从改建后历经 13 个月，来馆人次已经突破 100 万了。

川岛 ___ 真厉害。

增田 ___ 将在代官山茑屋书店累积的企划知识加以发展、进化。也就是说，代官山茑屋书店进行的书店改革，引发了武雄市图书馆的革命。

在地方扎根的连锁店

川岛 ___ 增田社长最近经手的业界形态，无论是在函馆、湘南还是武雄，都让当地居民成了粉丝，并把生活的一部分融合了进去，这点真的很棒。

增田___谢谢。CCC 的目标之一，就是在地方扎根，打造当地特有的书店与图书馆。例如书店，最近我们就以代官山茑屋书店为范本，通过函馆茑屋书店，做了能否在郊区开书店的实验。

川岛___我参观过在函馆郊区路旁开设的店，以书本为主轴进行生活提案的概念，与代官山一样。当然里头也有咖啡厅、举办活动的市集，以及由当地人参与的工作坊等，店里非常重视与函馆这块土地的联结。函馆茑屋书店也实行了本地化，雇用函馆人，向函馆市缴纳税金，这种认真在地方扎根的态度，我个人非常欣赏。

增田___TSUTAYA 近八成的店面，都开在马路旁，而且几乎都是加盟店。函馆茑屋书店作为源自代官山的大型店面，若能一举成功，将来这个模式就能应用至日本全国，开设 100 家店。

川岛___原来如此，所以是与小区紧密结合的连锁店，而代官山茑屋书店的郊区公路版，就是函馆茑屋书店。以此为原型，之后便能拓展至全国。但这从店长开始，除非是很有热诚的人，否则应该很难持续做下去……

增田 ___ 是啊，这就是战败的关键（笑）。现在 CCC 正紧锣密鼓地筹措这项企划。先从书店开始讲吧，我们打算在大阪开设 1200 坪的梅田茑屋书店，这一个是比较特别的企划，店里必须彻底讲求舒适感，甚至让人以为根本就是咖啡厅，借此改变车站大楼的概念。至于图书馆，则以武雄市图书馆为出发点，往宫城县多贺城市、神奈川县海老名市、山口县周南市扩展。

川岛 ___ 真是马不停蹄呢。这些设施也会与地方紧密结合，所以每一个都将以独立店面的形式打造，感觉很费工夫。

增田 ___ 是啊，但这就是重点。再来，家电行有茑屋家电，商业设施则会以在书店内招商的复合式代官山 T-SITE 为原点，发展成之前提过的湘南 T-SITE 与千叶县柏市的柏之叶 T-SITE。

川岛 ___ 感觉就像变形虫一样不断往外扩张，规模好惊人。增田社长，这样您岂不是忙翻了吗？

增田 ___ 因为我觉得现在不做不行、不改变不行，我想让这个重大的企划不断往前推进。毕竟只要是我心中认为非做不可的企划，之后回头过来看，都会发现那就是核心所在。

川岛 ___ 让我稍微整理一下。书店有代官山茑屋书店，图书馆有武雄市图书馆，家电行有茑屋家电，商业设施有代官山T-SITE，这些都是改革的先锋。而复制先锋的方法并不是连锁化，而是打造成独立店面，来扩展至全国？

增田 ___ 是的。我想往后的连锁店，应该会舍弃在全国各地设立同质店面的做法，改以各地特色为基础，打造出深受当地人喜爱的独立店面。当然，只要打着“茑屋书店”招牌，CCC 就一定会谨守品牌的大原则。

川岛 ___ 这样很棒呢。打造属于这个地方、这条街道特有的“茑屋书店”，这与过去的在全国开设同质连锁店的做法非常不同。若能实现，就能缓解独立店面与连锁店面对立的情况了。

从以上访谈可以得知，CCC 特地打造代官山茑屋书店，并不是为了卖书，而是要进行生活提案。增田社长打算将他自创业时期起的目标——生活提案，借由实体店铺，以书籍为主轴来进行。

要进行生活提案，光靠网络销售是不够的，因为生活提案的重点，就在于将活生生的人的感受、品位，真实地传达出来，因此必须使用实际的场地，将真实的感受诉说出来。那么作为一家书店，该怎么实现这点呢？答案是像编辑杂志一样，聘请专业的接待人员，通过编辑书籍卖场并让顾客看见，来进行生活提案。

目标消费群体是涵盖了团块世代，从年轻就累积了深厚文化素养的白金世代。增田社长的想法应验了——白金世代产生共鸣，代官山茑屋书店获得空前的成功。不只是白金世代，这里还成了男女老少齐聚一堂的场所。

CCC 至今为止，除了在全国开设了 1400 家 TSUTAYA，还拥有约 5300 万的 T-CARD 会员。从过去以大数据营销的策略来看，代官山茑屋书店可以说是反其道而行。以人的直觉与品位为基础、强调独特性的代官山茑屋书店，所作所为都与数据理论、同质连锁化背道而驰。

数字与模拟、个人直觉与大数据、独立店面与连锁店、连锁店 TSUTAYA 与独立店面代官山茑屋书店……在增田社长的经营策略中，存在着完全相反的对立元素，它们理应彼此矛盾，却是相辅相成，究竟这是为什么呢?

第三章

为什么
直觉比大数据重要?

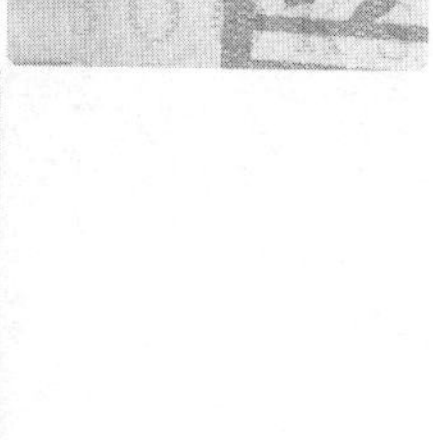

“被客户搞懂的企划，就没有价值了。”增田社长边说，边在大张的纸上画图解释。这是破解增田社长思维的关键（摄影：大槻纯一）

在增田社长实施的商业策略中，存在着二元对立的矛盾经营元素，然而它们又是相辅相成的。不但在全国开设了1400家TSUTAYA连锁店，还打造了代官山茑屋书店这独一无二的店面。CCC一方面通过T-CARD搜集大数据，借由精密分析进行营销，另一方面又以增田社长个人的直觉为准，陆续实践了大型经营判断策略。在TSUTAYA政策上不断精简化、效率化的同时，湘南T-SITE与茑屋家电对于编辑商品、编辑店面却不惜投入大量人力。

对于“为什么会有这样的矛盾呢？”这个问题，增田社长的回答是：“毫无矛盾。”因为乍看之下两者虽是对立元素，但对于“创造顾客、创造市场”却都是不可或缺的，毕竟“当人要了解一件事情时，不论直觉或理论，感觉或数据，两者都很重要。”

究竟矛盾的元素是如何得以并存的呢？

让文化变得唾手可得

川岛 ___ 今天我想向增田社长请教之前提过好几次的“二元对立共存”。

增田 ___ 什么是“二元对立共存”？

川岛 ___ 不好意思，我一下子跳得太快了。就是像感情与理性、直觉与大数据一样，这些乍看之下相反的元素，却同时存在于您的经营策略中。更进一步说，您甚至打算活用两方，创造出新的价值，这是您给我的感觉。可是为什么要这么做呢？这样的矛盾又是如何并存的呢？希望您可以分享给我听。

增田 ___ 好啊，有任何问题尽管提（笑）。

川岛 ___ 其实光是“Culture Convenience Club”这个名称，就嗅得出味道了。

增田 ___ 当时创业凭的完全是直觉。我想做这个，而且势在必行，这样的直觉与情感是我的起点。那么，我到底想做什么呢?不是卖唱片或录像带这些东西，而是卖文化。毕竟顾客会对什么掏出钱来?不是CD及录像带这些物质，而是音乐、电影的内容，也就是信息。当时我创立TSUTAYA，给它的定位就是信息流通业，而非物流业，为的就是打造文化基础建设，也就是“Culture Convenience Club”。

川岛＿原来如此，您是想在全国架设文化基础建设。

增田＿是的。既然是基础建设，就必须顾及便利性，也就是随时、随地、任何人都能使用。

川岛＿增田社长是在1985年成立CCC的。关于您在那样的年代创立这种业界形态，我有一个之前就有的疑问：您是否早就知道，信息将会从模拟直接转移至数字?因为在那之后，数字化发展如火如荼，电影从录像带变成了DVD，音乐也从唱片变成了CD，而且两者都进入了网络时代。

增田＿现在回想起来应该是吧，但就像我刚才说的，那只是我的“直觉”(笑)，这就是企划能力。

川岛＿这样的直觉是怎么培养出来的呢?这点请您之后再好好与大家分享。不过话说回来，如今TSUTAYA这么普及，这代表您当时的目标——架构文化基础建设，已经实现到了一定的程度吧？

增田___“将当时的理念付诸实践”的确是达到了一定的程度。我稍微举个例子吧。以电影而言，日本的电影院观影人数，一年大约有1.5亿人。相对的，全国TSUTAYA租出的DVD影片张数，一年则有7.2亿张。以音乐而言，将一年租出的CD换算成曲目，约有20亿首。如此数量庞大的文化，都是通过TSUTAYA来体验的。

川岛___好惊人的数字。这些数据从增田社长的口中说出来，好有说服力。

增田___是啊，数据非常重要，可以说是企划人的命脉，而CCC的目标是“全球第一的企划公司”，所以掌握数据是理所当然的。

所有的企业都将成为企划公司

川岛___增田社长常说要成为“全球第一的企划公司”，可是为什么是“全球第一”呢？

增田＿这里的“全球第一”并不是指真的要得到第一名，相反的，我其实很不喜欢争第一。

川岛＿真意外。所以成为第一名，并不是最重要的。

增田＿毕竟如果目标是第一名，那成了第一名之后，不就失去目标了吗？更进一步说，如果努力的目的仅仅是为了获胜，那真是一点也不浪漫，也没意思。

川岛＿那么，增田社长所说的“全球第一”，是指什么样的全球第一呢？

增田＿就是变得快乐又幸福。我当社长以来，就一直想在这方面变成“世界第一”。对我而言是如此，对员工而言也是如此。

川岛＿让公司成为全球第一快乐又幸福的公司？

增田＿是啊，例如，假设CCC为员工立下全球营业额第一、利润第一这些与他们本身无关的目标，那么即使要员工努力，他们也会不知道该为了什么而努力。相较之下，成立新企划时，大家一起思考该做出什么样的内容，这时候最开心了。我想要的，一直都是这样的公司。

川岛___增田社长快乐的泉源，果然是企划，这我已经充分理解了。

增田___换句话说，CCC 的目标，就存在于员工实现企划时所产生的极大的快乐里，我们要在这方面成为全球第一。为此，必须思考要做什么、该怎么做，并将它设为目标。

川岛___看看在各企业上班的人，其实大半的人工作时看起来都不快乐。即使是增田社长，想让全体员工快乐地工作，这种神迹般的事情恐怕也很难做到吧？

增田___川岛小姐，其实这是很容易的，只要将“5W1H”都加上“喜欢”就可以了。

川岛___将“5W1H”加上“喜欢”？什么意思呢？

增田___“When”是在喜欢的时候，“Where”是在喜欢的场所，“Who”是和喜欢的人，“What”是做喜欢的事，“Why”是喜欢的理由，“How”是让自己变得喜欢——这是我一直很注重的事情，几乎可以说是创业理念了。

川岛___我了解了，可是，这么理想的事情真的做得到吗?

增田___所以在我心中这是目标，我总是在思索各式各样的方法来实现它。

川岛___那么增田社长，我还有另一个疑问。一家让员工快乐工作的公司，工作内容不一定得是企划吧?您为什么还是选择企划呢?

增田___请你试着想想看。制造业的工作，已经渐渐转移到海外了，这在时尚业是最明显的。

川岛___的确，最近中国劳工薪资高涨，很多工厂也都陆续移到印度尼西亚和缅甸去了。

增田___在我看来，这个情况往后也不会改变，而且不仅限于时尚业。毕竟我们都知道，若是单纯的制造业，企业大可以把工作转移到劳力与租金都便宜的国外去，这样比较划算。可是这么一来，你认为国内还剩下什么呢?

川岛___……

增田___所以才要企划。我要让企划成为往后最大的工作，毕竟苹果、谷歌、亚马逊都是这样的，不是吗？

川岛___苹果也是企划公司？

增田___企划的本质，就是想出世上没有的物品或创意并将它付诸实践，让人感受到幸福与生命中的多姿多彩。像这样创造顾客、创造市场，就是企划。就这层意义而言，苹果公司也是企划公司，这是我的想法。

川岛___的确如此。现在的日本公司，真的很少会让人觉得拥有美梦，感觉有点寂寞。

增田___是啊，不仅是日本的制造业、流通业、服务业，所有的企业未来都应该以企划为卖点，这点一定要做。

川岛___可是话说回来，不可能每一家企业都像苹果公司一样啊。企划到底是什么工作呢？

增田___简单来说，就是要做什么样的产品，要如何贩卖，要创造什么样的商机。要做什么、要如何做的部分，就是企划。

川岛___这就是企划吗？

增田 ___ 所有决定能否赚钱的要素，都和要做什么、要如何做有关，不是吗？

川岛 ___ 听您这么一说，的确如此。

增田 ___ 因此企划是举足轻重的，企划必须成为主角。

不被接纳的企划才更要执行

增田 ___ 这么说虽然有点过于激进，但在这个时代，像营运部、开发部一样，将企划变成一个部门的结构是应该被淘汰的。在我看来，维持这种陈旧迂腐的组织，公司绝不可能变好。

川岛 ___ 您说得真是斩钉截铁。

增田 ___ 但也不是组织内的全体人员都得做企划。因为将企划出来的产物，切实付诸实践并且散播出去，也很重要。

川岛 ___ 若将这个概念替换到增田社长的公司部属中，就是从规划 TSUTAYA 到让第一家店成形，都是属于 CCC 企划部门的工作，而在全国设立 1400 家连锁店，则是 CCC 其他部门的工作。

增田 ___ 是的，将卖点包装好，创造一个可以作为模范的样品，就是企划的工作。

川岛 ___ 从茑屋书店枚方店开始，到 SHIBUYA TSUTAYA、TUSTAYA TOKYO ROPPONGI，然后是代官山茑屋书店，这些店在各个业界形态中的角色，都是属于样品店，它们将卖点包装起来，并且扩展至全国。

增田 ___ 是的。这是最初包装好的样品，但它毕竟还在模型阶段，是从错误中摸索出来的，因此还有很多地方需要微调。让它变得更完整并且增值，就是企划以外的部门要做的工作了。

川岛 ___ 所以说在企业中，企划就是 R&D（研究、开发）部门负责的任务。

增田 ___ 没错，但日本人其实不擅长 R&D。比起从无到有，日本人更善于将已有的东西变成题材来加以改善，或使之效率化。将已经存在的事物散播出去或加以改进，是日本人的强项。

川岛 ___ 所以这代表日本人并不擅长企划喽?

增田 ___ 所以我们才有饭吃嘛(笑)。

川岛 ___ 那我想请教关于企划的各种问题。企划这个词本身,在营销领域是很常见的,增田社长您自己也脱口而出好几次。但实际上企划到底要做什么、该如何做,增田社长您本身又是如何进行企划的,这点可以请您告诉我吗?

增田 ___ 很简单。"企划"这种东西,本来就在人们理解的范畴之外。(一边画图)这是顾客理解的范畴,这是企划的范畴,所以企划,其实就是创造出超越顾客理解范围的点子及想法。

川岛 ___ 是这样吗?您说的企划定义是我前所未闻的,让我有点惊讶。企划必须超越人理解的范畴?

增田 ___ 是的,更进一步说,想出一般人不能理解的东西,将它商业化,就是企划。

川岛 ___ 一般人不能理解的东西?但这要怎么想出来呢?对凡人而言,即便公司有这样的需求,也不可能马上做到啊。

增田 ___ 所以从平常就要不断自我磨炼、试着挑战，然后勇往直前，就是这样而已。

川岛 ___ 那增田社长您说的企划，光是延伸过去的成功案例，或依赖销售数据及调查结果，根本做不出来啊？

增田 ___ 这是当然的。既然要超越一般人所理解的领域，就代表光是延伸或依赖数据绝对不够，而必须运用直觉来创造。若不持续这么做，无论是企划还是人，都不会成长，这是我的想法。

先“糊弄”进来再说

川岛 ___ 但在企业中，公司一定会要求要有数据的支持，或有理论作为基础来说明，不是吗？

增田 ___ 是啊，这当然，数据与理论都很重要。

川岛 ___ 可是直觉和理论，乍看之下却是矛盾的。

增田 __ 不，没这回事。有些直觉就是要以大数据为基础，才能启动。这当中的比例非常重要，对企划来说，两者缺一不可。

川岛 __ 直觉与大数据，关于这个比例，我想再追问得详细一点。延续刚才的话题，普遍来说，不被理解的东西，以一般思维来看，应该不会有人买才对。

增田 __ 以一般思维来看是没错。即便有些人能理解，日本企业仍会以时候不到、没有先例等理由来敷衍，这种情况压倒性的多，企划也就无法通过。我自己相当厌恶这种陋习，因为我就是这样走过来的。

川岛 __ 可是增田社长却以 TSUTAYA 为首，推出了世上没有的新企划，缔造出实际的成绩。您是如何“让不被理解的事物商业化”的呢?

增田 __ 在我刚创业的时候，曾经提过一个“多媒体文化便利商店”的企划案，但没有人支持我。我左思右想，决定自己先开一家 TSUTAYA。这么做以后，有些看了企划书、听了说明，但在企划阶段不同意的人，因为有了实体店面参考，便决定支持我了。

川岛 ___ 但并不是所有人都有能力做出实体店面，即便真的有了实体店面参考，恐怕也会因为这个东西过去不存在，多数人还是无法理解。增田社长您是因为有本事，所以做得到，但若是我大概就没办法了。

增田 ___ 这样啊，那我说说另一个方法好了，就是把企划翻译成对方听得懂的语言来解释。例如我在说明 TSUTAYA 时，会把它替换成录像带出租店、唱片出租行，用顾客容易理解的业内语言来阐述。

川岛 ___ 也就是站在对方的立场，简单易懂地解释。

增田 ___ 更进一步说，其实还可以用糊弄的。以让对方听懂为目的来糊弄他。

川岛 ___ 啊？糊弄？这可不能装作没听见（笑），请问该怎么做呢？

增田 ___ 斩钉截铁地告诉对方：“会赚钱！”我过去在 90 年代，说要做“信息流通革命”与“生活提案”时也一样，对方根本听不懂我在说什么。即使我解释了，他们最后也会以“你到底在说什么啊？”做结。但我若改说“你投资我一亿，我可以让你赚三千万”，对方就会表示有兴趣，问我："哦？该怎么做？"

川岛 ___ 这就是糊弄吗？

增田 ___ 不，其实我完全没骗他。我又没说谎，敢夸口说"会赚钱"，就是因为我自己真的相信会赚钱。什么时候我会这么做呢？如果我看对方，发现对方并不是能立刻听懂我想法的人，就会跳过企划的概念，先跟他谈利润。

川岛 ___ 就像刚才提过的，"企划"虽然在一般人可以理解的范畴以外，但"钱"就在所有人可以理解的范围以内了。

增田 ___ 是的。将超越人理解范围的事物，替换成理解范围内的事物来说明，这叫作转译。不是说谎，而是以对方的视角，简单明了地解释清楚。这么一来，自然会有人认为"听起来会赚钱，那就做做看吧"。

不是抓住顾客，而是培养顾客

川岛 ___ 那接下来会怎么样呢？

增田 ___ 接下来可就有趣了。当对方判断“听起来会赚钱，那就做做看吧”后，就会试着实践我的企划。这么一来，他便会了解企划的意义，经验会变广，将原本不理解的东西涵盖进去。换言之，企划就会变成那个人的东西。

川岛 ___ 像这样让理解领域以外的东西，变成他自己的东西，就能让他进入理解的范畴了。

增田 ___ 是的。将企划变成自己的东西后，那个人就会自诩为信息流通革命的推手，或者逢人就解释生活提案是什么，到这个程度就差不多了。

川岛 ___ “听起来会赚钱，那就做做看吧”，变成了“信息流通革命该做哪些企划”。拓展对方理解的领域，让他听懂一开始听不懂的企划。

增田 ___ 是的。但就像刚才我说的，用“听起来会赚钱”来说服对方，只是一时方便，并不是我的中心思想。

川岛 ___ 那么增田社长，您的意思是即使企划不赚钱，也不要紧吗?

增田 ___ 不，那并不是我想表达的。公司这种地方，不是呼吁大家“让业绩提升吧！提升吧！”或者“抓住顾客的心吧！”就能赚钱的，这种事情不做也无所谓。

川岛___可是不抓住顾客的心，东西就卖不出去啊。

增田___不是用抓的，是要培养的。像养婴儿一样，对顾客、对员工都是。

川岛___培养的?

增田___是啊，培养的。更进一步说，是创造。我心目中的加盟店就是这种形式。TSUTAYA在全国有超过1400家店面，其中成长得最大的加盟公司，是由离职、自行创业的人经营的。

川岛___套用刚才您说的话，就是培养。

增田___是的，很令人高兴不是吗?若CCC的工作只是“找出好的合作对象”，“去捉住他”，那是不会成长到今天的规模的。我们做的，一直都是“创造好的合作厂商，并且培养它”，只不过这需要花费一些时间和力气。

川岛___是什么契机，让您认为合作对象是需要培养的呢?

增田＿首先，我自己就是离开职场、白手起家的人。我辞去了大学毕业后任职的公司铃屋的工作，34 岁时创立了 CCC。当时离职之后，我一点资源也没有，无论是客源，还是一起工作的伙伴，全部都得从零开始，那就只能培养了，这可不是面子话，而是现实。

川岛＿于是您创立了公司，将它拓展成在全国拥有 1400 家店面的 TSUTAYA。

增田＿在这 1400 家店当中，由 CCC 直营的约有 100 家，其他都是加盟店，这些人信赖 CCC，认为 TSUTAYA 是有未来的。加上这些加盟主，才有了 1400 这个数字。因此我认为，陪这些和 CCC 一同成长的伙伴，寻找接下来该前进的道路，同样是我的责任。

“不愿挑战的员工会让我大发雷霆”

川岛＿增田社长，让我们把话题拉回企划吧。出于善意先糊弄对方，让对方理解、把企划纳为自己的东西，借此培养他超出自己所知的领域，这点刚才已经说过了。这代表通过理解企划，人就会成长。

增田 ___ 无论是个人还是公司，我认为都是通过这种方式来成长的。换言之，人如果想要成长，就必须超越自己所懂的范围，把某种高于自身能力的事物，付诸实践。

川岛 ___ 但这应该算是一种赌博吧，增田社长?您难道不怕失败后搞砸一切吗?

增田 ___ 当然怕。做超出能力范围以外的事，虽然可能成功，但也有失败的风险。

川岛 ___ 增田社长，您曾有尝试过后结果惨败的经验吗?

增田 ___ 我老是在惨败啊。以前经营卫星电视 DirecTV 的时候，公司简直惨不忍睹（笑）。不过，比起结果是成功或失败，我认为先挑战试一下才是最重要的。挑战之后，即使发现有些事情做不了，还是凭着使命感做下去，这时反而最能抓住要领。

川岛 ___ 但我想，应该不是所有人都有胆量坚持认为“失败没关系，总之先做做看自己的企划”。面对这样的员工，增田社长您会怎么做?

增田 ___ 逼他快做!

川岛 ___ 您胆子真大。

增田 ___ 川岛小姐，话可不能这么说。就像我常说的，没有一个婴儿是天生就会走路的，没有人天生就会骑脚踏车。

川岛 ___ 是这样没错，但若您让员工挑战企划，结果弄得一塌糊涂，您会做何感想？不会生气吗？

增田 ___ 完全不会生气。但总是有人在做之前就找借口，像是我没做过、我做不到，不论现在或以前都是。

川岛 ___ 如果有员工这么说，您会板起面孔来骂他吗？

增田 ___ 何止骂，我会大发雷霆（笑）。我讨厌不愿挑战的员工，至于勇于尝试的员工，则会非常尊敬他。

顾客会因为“感觉”来店里，而不是因为“理由”

川岛 ___ 那么，我想多问一些关于增田社长撰写企划案的方法。

增田 ___ 尽管问吧（笑）。

川岛 ___ 写企划案时，一般会从决定大方向开始，然后拟定目标消费群体与销售额。接下来的流程，大概就是调查目标消费群体的人数、特性，找出需求，然后验证假设，制作符合其需求的商品或服务。但从以前我就觉得好像哪里怪怪的。

增田 ___ 其实我在写企划案时，一开始并不太在意顾客。

川岛 ___ 是吗?

增田 ___ 我不会因为顾客想要某些东西，就特地去做。我的状况更像是这个东西很棒、这很吸引人所以才想推荐给顾客、希望他们来店里。换句话说，我不是因为顾客说了“希望你们可以开这样的一家书店”才去开，而是因为我自己认为“开这样的书店一定很棒”。用营销术语来说，就是完全以开发端为出发点，而非客户端。

川岛 ___ 那么增田社长，您的意思是数据毫无意义吗? 有时我会认为，数据反映的是过去，对于未来其实什么都没有解释。

增田___不，川岛小姐，你这样的想法太过单纯了（笑）。我从以前就认为，企划最重要的一点，就在于它是否源于信息。一直以来，我都认为信息比个人感性还要重要，因此企划一定要有信息做基础。所以我从成立 CCC 时起，就认为一定要架构一个让信息自动汇流进来的情报网，而我也确实将这样的想法付诸实践了。

川岛___是什么样的契机，让您有这样的想法呢？

增田___这个嘛，契机是某本杂志上的报道。那应该是 80 年代后半段的事了，报道上写着，全球证券交易所的信息，都集中在路透社总部的计算机里。于是我就想到了。假设我知道纽约证券交易所正在发生哪些事，或许就能精确掌握股市交易。换言之，对于某个现象，只要能将信息综合性地集中起来冷静分析，就能拟出各式各样的策略。而信息就是这一切的关键。

川岛___原来如此，营销的基础，必须包含网罗事实的信息。这所说的就是大数据。

增田___是的。所以我在创立 CCC，开始经营 TSUTAYA 的加盟时，才会认为大量的信息一定得数字化，于是立刻投资了 7 亿日元的大型计算机。

川岛 ___ 那是 1985 年的事情，您很早就察觉了大数据的重要性及可能性。但那不是很容易流于只顾着搜集信息，或者只顾着从数据中分析某种结果吗？这明明完全适用于客户端型的企划案，但增田社长却以获得的大数据为基础，写出了开发端型的企划案。我对这个过程很感兴趣。

增田 ___ 是吗？数据虽然是过去的东西，却是事实的积累。数据越翔实，代表它越忠实地反映了事实。只要能冷静观察、分析它们，就能感应到通往未来的突破口、将它找出来。以我而言，会将大数据（事实）装进脑袋，全方位分析，再来就是凭自己的直觉了。

川岛 ___ 在企业中，提案人为了让案子或点子通过，大多会引用数据，毕竟光是强调这很棒哦、很吸引人哦是不会通过的。但听了增田社长的分享，我发现您使用大数据的方式跟一般人截然不同。比起将数据当作企划会成功的佐证与理由，您更把它视为凭感觉拟定企划案时，不可或缺的材料。

增田 ___ 正是如此。顾客之所以会来店里，是凭感觉而不是因为理由。所以光用数据架构理论，其实没什么意义。

用大数据抓住人的“感觉”

增田＿比起那个，更重要的是能否从大数据中解读顾客的心情，提出让顾客期待不已的提案。我们该去感受的，是化为语言前的情绪，写成符号大概就是“！”吧。

川岛＿“！”吗？

增田＿这种只能写成“！”的直觉是很重要的，我认为它就是人类行动的原点。如同我刚才说的，人是一种比起理论，更容易凭感觉采取行动的生物。

川岛＿原来如此，听您这么一说，的确如此。例如当我在店里“好想买那件衣服”时，这种情绪就是从感觉产生的，而这就是“！”。至于“很好搭”或“很流行”等理由、因素，都是之后才出现的，包括说服自己买的借口在内（笑）。

增田＿对吧？所以我平常就会留意一件事——去关心各种各样的人的心情。

川岛 ___ 怎么关心呢?

增田 ___ 用任何形式。比如询问这本杂志不错吧?那件衣服好看吗?你觉得这家店怎么样?来大量搜集与感觉相关的信息。

川岛 ___ 这是为了确认增田社长您自己的感觉吗?

增田 ___ 不是,我自己的感觉自己知道。我想确认的是,我的感觉是否和这个人一致,或者与他不同。我想了解在性别、年代、个性的影响下,大家的感受有哪些差异。

川岛 ___ 这也是"数据等于事实积累"的增田式数据活用术之一吧。照这样说,"!"的直觉与大数据,其实有着千丝万缕的关联性。

增田 ___ 当然。我认为大数据就是掌握"!"的有效方法。过去的营销,大多是凭对某个领域专精的人的感觉,来掌握"!"。若能将大数据当作基础,就能找出不靠个人直觉的营销方法了。

川岛 ___ 什么意思呢?

增田___我认为，既然大数据可以推测出多数人的实际行动，那当然也可能进一步捕捉人们产生“！”的瞬间。但这并不是指听了行动的理由，再来思索反映这项理由的“！”，毕竟即使向每个人打探他的行为因素，一旦他开始说明，就已经偏离事实了。

川岛___一旦开始说明就偏离事实，是什么意思呢？

增田___“！”产生的瞬间，就像刚才川岛小姐您说想买衣服一样，当事人其实并没有什么明确的理由，因为那是一种下意识的感觉、情绪。

川岛___原来如此，所以才要掌握大数据（事实），捕捉“！”的瞬间，然后企划下一个“！”，让“！”出现。

增田___没错。我已经说过很多遍了，数据非常重要，但目的并不是从中解读“语言”（理由或解释）。而是要将数据当作事实来分析，求出从整个数据中浮现的波形图，再从中解读顾客化为语言前的“！”。数据越多，这个波形图就会越贴近现实，这是我一直以来的想法。

川岛___那么增田社长在写企划案时，比较重视的是大数据还是直觉呢？这两者之间有先后顺序吗？

增田 ___ 不，两者都很重要，并没有先后之别。我会把平常凭直觉感受到的，与通过大数据感受到的整合起来，在脑中转化成适合开发端的企划，因此两者不可偏废。

川岛 ___ 这可以说是企划最重要的部分了。

增田 ___ 是的，我的点子都是开发端型，乍看之下或许只是凭着直觉与感性，但那其实都是以大数据为基础建构起来的。

川岛 ___ 原来如此，直觉、感性与大数据，彼此看似矛盾，实则互补。

增田 ___ 何止互补。直觉与大数据，两者缺少任意一个，企划就不成立。这两项是缺一不可的。

营业额 5 万亿日元的购物数据

川岛 ___ 提到 CCC 的大数据，让人印象最深刻的就是 T-CARD。

增田 ___ 我曾说过，我的目标是改革书店、图书馆、商业设施、家电行这四种业界形态，而为了实现这项愿景，就必须先进行数据库的革新。

川岛 ___ 咦？什么意思呢？

增田 ___ 现在的 T-CARD 会员数约有 5300 万人。也就是说每 2.5 个日本人中，就有一人拥有 T-CARD。T-POINT 是各业种企业间通用的点数制度，现在已有 121 家公司联手提供集点服务，在全国则有超过 35 万家合作商店。

川岛 ___ 好惊人的数字。

增田 ___ 这意味着什么呢？就是除了在 TSUTAYA 买书、租 CD 或 DVD 可以累积点数，在全时便利店买东西、在 ENEOS 加油、订购《每日新闻》，也可以累积点数。

川岛 ___T-CARD 对数据库革新而言是必要的。在制作 T-CARD 时，增田社长就已经将这个想法纳入企划中了吧？

增田 ___ 不，其实没有。

川岛 ___ 没有吗？您又让我讶异了。

增田 ___ 在创立 CCC 的第五年，我写了一个公司中期营运计划。里头描绘了在我心目中，未来的 CCC 将成为怎样的一家公司。那时我才有了要拥有 1000 万人数据库的念头。

川岛 ___CCC 创立的第五年，那就是 1990 年了，当时还没有“大数据”这个词呢。

增田 ___ 现在回头看，会觉得当年有远见，但其实那时根本没有人肯理我。但我认为总有一天要做，不，是非做不可。此外，我还有另一个建构 T-CARD 的理由，这与大数据倒是没什么关联。我的钱包里，因为放了各种商店的集点卡，都快被撑破了。当我到那些商店，要拿出集点卡时，还得拼命寻找它们，相当不方便。那时我就有了个想法——“如果所有的点数都能整合在一张卡里，多方便啊”。

川岛 ___ 所以为了实现它，您写了 T-CARD 这个企划?

增田 ___ 就是这样没错。当时并没有能将多家商店点数整合起来的集点卡，所以我认为非做不可，之后就于 2003 年 10 月启用了。

川岛 ___ 您真是新企划的先驱。

增田___但在当时，我身边的人全都对我说："你怎么老是在做梦！"猛泼我冷水。结果做了之后如何呢？曾经被大力反对的 T-CARD 大受欢迎，持有人数高达 5300 万人。换句话说，这 5300 万人，在超过 35 万家商店里，何时、何地、买了什么，这些大数据全都掌握在 CCC 手上。

川岛___增田社长您说过，以这些大数据为基础的数据库革新是必要的，但这指的又是什么样的革新呢？

增田___以 T-CARD 获得的庞大数据为基础，打造一个能侧写出消费者模样的系统。

川岛___侧写？

增田___追踪 T-CARD 的历史记录，不是可以得知"喜欢这类书的人，会吃哪些东西"吗？这么一来，便能跨越书籍与食物等范畴，立体地描绘出顾客的样貌。这就是侧写。

川岛___只要与这 121 家企业相关，CCC 都可以跨领域来追踪顾客的购物记录。即使并非所有消费者都频繁使用它，持有人数毕竟高达 5300 万人，相信描绘出来的增田社长您说的立体顾客样貌，将会非常贴近现实。

增田 ___ 以去年而言，我们拥有营业额基础 5 兆日元的数据。虽然 AEON Group、Seven & i Holdings 等大企业也有五六兆日元的营业额基础，但它们大多缺乏基于数据进行跨领域侧写的系统。

活用 5300 万人“累积的事实”

川岛 ___ 也就是说，CCC 在数据库及营销上，压倒性地领先于其他企业。

增田 ___ 是的，刚才我也说了，在那 5 兆日元营业额中，顾客何时、何地、买了什么，这些信息我们全部都能掌握。例如，在人口老龄化不断加剧的现代社会，有些老人觉得自己做饭很麻烦，便到附近的 GAST 或全时便利店解决一餐，就连他们吃了什么，CCC 都知道。这些购物信息，就会以非特定个人的形式化为统计数据。

川岛 ___ 原来如此，光这样就很有意思了。

增田 ___ 但不只这样，它的功能还有刚才我说的侧写。

川岛 ___ 关于侧写的手法，可以麻烦您描述得再具体一些吗？

增田 ___ 好的。我们会将这 5300 万名 T-CARD 持有者的购物经历，用约 300 项参数来分析。例如，家庭里有哪些成员？是否有车？对流行趋势敏感吗？喜欢进口家饰吗？……如此归纳出他们的属性后，便能针对每位 T-CARD 持有者，描绘出他们的角色性格。这些性格会用波形图来表示，通过此波形数据便能进行侧写。

川岛 ___ 从数据仿真出性格吗？

增田 ___ 重点在于针对某个领域的商品，搜集购物的历史数据，而不只是片面地看发生了什么事。有了多样化商品的购物数据，再借由参数来分析它，便能掌握整体的实际状况。

川岛 ___ 所以这就是侧写。但这要如何运用在营销上呢？

增田 ___T-CARD 是由 121 家企业加盟而成的，不是单一公司，里头还包含了不同领域的企业，这是其他业者难以仿效的。数据库营销若只是以小单位的数据库来进行，就没有意义了。正因为有了大数据，它才能发挥效果，而这就是 CCC 的数据库营销法。此外，从顾客的侧写中，还能明显观察到他们的生活形态，这不是用小数据硬堆出来的，而是通过彻底的事实累积所描绘出的角色性格，是可以用的信息。

川岛 ___ 原来如此，所以这也是事实的积累。

增田 ___ 接下来就是最重要的部分了。就像我之前说的，向经由侧写推断出来的顾客，直接供应事物，并非我所说的企划提案。大数据这样使用，是没有意义的。

川岛 ___ 可是，一般的数据库不就是这样使用的吗？啊，我知道了，您是说要以大数据（事实）为基础，捉住“！”。

增田 ___ 对！以 CCC 的大数据为材料，经由参数分析，便能捉住所有企业的“！”。

川岛 ___ 什么意思呢？

增田 ___ 刚才我所说的角色性格，也就是将 T-CARD 持有者的购物历史记录通过参数分析而成的结果，是可以用波形图来表示的。这么一来，我们手边就有了 T-CARD 5300 万名会员的波形图，以及平均过后的波形图。另一方面，假设 A 公司把持有的顾客数据输入这个系统中，就会产生 A 公司的平均值波形图。将 T-CARD 会员的波形图，与该企业的波形图相比较，就能知道是否有潜在的顾客。

川岛＿潜在的顾客？

增田＿也就是会购买 A 公司商品或服务的顾客，实际上会有这么多。这也是事实与事实叠合后推测出来的结果。

川岛＿原来如此，可是像这样的大数据营销，各公司应该早就用它们自己的集点卡在分析了呀？

增田＿我们的特色是将事实叠合，从中产出企划，提出具体的方案。比如针对从事实中浮现的潜在顾客，可以用什么样的方式提供什么样的方案，来让他们成为顾客，以及为了达到这样的目标，我们必须做什么。而这就是企划。因此我才说 CCC 不是数据公司而是企划公司。

用大数据取代接待员

增田＿这几年来，大数据营销相当盛行。但最近我觉得，大数据需要再次进行改革。

川岛___ 您的下一步计划是什么呢?

增田___ 往后,“挑选的技术”与“推荐”,将会成为提案的关键。

川岛___ 这我听得懂,您提过好几次了。

增田___ 因此数据库的革新是不可或缺的。

川岛___ 咦?我又听不懂了(笑)。

增田___ 这样啊,那我说明得再仔细一点好了。“挑选的技术”与“推荐”,原本是针对单一客户来进行的,这在茑屋书店,是由接待员负责。

川岛___ 到这里我还听得懂。

增田___ 但接待员并非所有人都能胜任。这是一门对专业性要求很高的工作,只有特定的人能做。另一方面 CCC 又拥有庞大的数据库。能否将这两者融合在一起,就是我所说的大数据的改革。

川岛___也就是将川岛蓉子个人取向的推荐，借由大数据导引出来。这就是您要做的系统。

增田___这是一个为了得知顾客的倾向，先借由大数据来仔细侧写，然后“推荐”并系统化的企划。

川岛___极端点说的话，就是灵活运用大数据，让它做出个人取向的提案。

增田___这个大数据必须在形形色色的顾客及多样化的商品中，结合出最合适的方案。这种感觉就像是，把以熟悉某领域的感受性为支撑的接待员提案能力，用从 T-CARD 得到的数据为基础，通过新的方法与理论来实践，然后再次系统化。

川岛___理论上我大致听懂了，却又想不到具体的例子（笑）。假使有人能将我的兴趣、嗜好，用数据库分析“川岛应该也会喜欢读这样的书、爱穿这样的衣服”然后向我提案，我一定会非常高兴。您所指的就是用大数据的改革来实现这件事吗?

增田___大概就是这样吧。毕竟一般人习惯依照自己的兴趣、嗜好来选择，就很难跳出以往的框架。

川岛___我懂这种感觉。依自己的兴趣、喜好来挑选服装，就会老是买到类似的衣服，当然我也会想挑战新款式，但又怕不合自己的喜好。这时如果有人能“推荐”，满足这份任性的需求，我就会很想尝试看看。

增田___对吧？我的构想，就是将对某一领域专精的感受性与大数据相互融合，来提供“！”。

川岛___光听您描述就觉得好令人期待。

增田___没错，大数据的目的不在于搜集。重要的是如何借助大数据，让人们快乐。

川岛___让人们快乐？

增田___我认为，总有一天，一定会有某项数据的目的，在于让人们快乐。从我创立 CCC 以来就这么认为了，如今这个想法也未曾改变。快乐是一种感觉，因此通过感受性，将大数据落实在企划中，是最重要的。而这个企划一定要使人快乐，这点绝对不能忘却。

川岛___听了您对于灵活运用大数据的本质上的探讨，我有种茅塞顿开的感觉（笑）。

“信息”不代表“事实”

增田___关于数据库，我想再多提一点。使用数据库的大前提是“信息不代表事实”，这点非常重要。

川岛___啊？“信息不代表事实”？

增田___我们不是常说“百闻不如一见”吗？

川岛___是。

增田___这里说的百闻并不是去听，而是已经听到的，也就是已经信息化的东西。

川岛___我不太懂。“已经信息化的东西”是指什么呢？

增田___那我举个例子。假设现在有一道很美的风景，它的原型是优美的景致这项“事实”。当有人问起“有多美啊？”时，对方回答：“春意盎然。”这就叫“信息”。而“有多少人的回答与‘春天’有关”，也是一道“信息”。换言之，听，其实就是将事实转换成文字或数字。

川岛___一见相当于事实，听相当于信息，我已经理解个中的差异了。

增田___然而，事实一旦经过信息化，就无法还原成事实了。

川岛___咦？是这样吗？

增田___川岛小姐，你想想看嘛。“春意盎然”这条信息，其实并不一定符合“景致优美”这项事实。它只是由某视角切入、编辑，所化成的语言或数字。但人们总是一接触信息化，就忘却了其根本的事实。

川岛___也就是说一旦认同了“春意盎然”，就不会去思考原本的景致究竟有多美。嗯，您这么一说好像真的是这样。

增田___所以但凡调查结果或数据这类信息，都得小心翼翼地使用。若能谨守“信息不代表事实”的大原则，数据是真的很好用就是了……

川岛___这么说来，像“××% 的人拥有这种嗜好”等信息，也未必代表了事实。

增田___是的。例如，假设现在有一份“你想住在世田谷区吗？”

的问卷，调查结果是“世田谷区是我最想居住的区”。我看了，一定会怀疑大家“真的想住在世田谷区”吗？因为我知道那不代表事实。比起“我想住在世田谷区”，我更想探究的是背后隐藏了什么事实。然后到现场去找出原因。

川岛＿意思是，增田社长认为比起“我想住在世田谷区”，事实更可能存在于“为什么想住？为什么不喜欢现在的地点？”

增田＿是的。但大家往往遗漏了这一点。其实比起经过数据分析得出的提案，大家应该可以做出可信度更高的案子才是。

川岛＿我了解了。就是因为没有彻底探究事实，世界上才会有那么多看似合情合理，实则教人匪夷所思的企划案。

增田＿因为大家都不了解“信息”这两个字真正的含义。如同我刚才说的，我是开发端类型的企划人，习惯通过事实探究该以什么为核心来打动顾客。倘若连核心都找不到，那就是个失败的企划案。反过来说，若找得到，之后只要做出来就可以了，顾客一定会来光顾的。

若不找出答案，光促销也没用

川岛 __ 那么，让我们回到企划案的制作方法。增田式的企划，就是将企划案的概念与魅力完全归根于事实，然后以开发端型的模式建构出来。

增田 __ 是的。大家总是忽略去寻找真正的答案，而把重心拼命摆在如何让顾客光顾等促销上，但这其实是错的。有了答案，促销才有意义。没有答案，无论怎么促销，顾客都不会上门。

川岛 __ 您说得没错，但一般人根本无法接二连三涌现出新的创意啊。我想应该有很多人，都认为自己不可能像增田社长一样，不断想出新的企划案吧。

增田 __ 不，请你再把我说的话思考一遍。平常你会不会对自己生活周遭，产生“这家店要是变成这样就好了”“这个商品要是这样改良就好了”的念头？

川岛 __ 当然会呀。

增田 ___ 好好思考它的根本，想办法改善，就是最基本的企划。然后要把概念彻底找出来。这时为了不流于个人的自我满足，一定要从外在的客观角度来重新检视。通过这个方法，就能做出概念的雏形，也就是企划的基础。其实它并没有那么难。

川岛 ___ 不需要特定的专业知识吗？

增田 ___ 是的，企划这份工作，任谁都能做，所以一开始只要不断尝试就可以了。当然，有专业知识与相关经验的人，工作起来会更顺手，但相对的，老是泡在业界里，也会产生看不到的死角。

川岛 ___ 我和各业界的人合作时，常被说“川岛小姐不懂我们的行规”，询问之下，才发现很多规矩与客户都是不相关的。

增田 ___ 对吧？其实对于形形色色的业界形态，我也不是一开始就具备专业知识的。所以才会想当企划人嘛，加上它又不需要资本。

川岛 ___ 资本？

增田 ___ 像是设备、资金、组织啊。极端而言,即便一无所有,也能白手起家,这就是企划。

川岛 ___ 说的是。撰写企划,这件事情本身并不需要背负风险,想做就可以做了。

增田 ___ 川岛小姐,请试着回想一下。我记得一开始我就说过,未来的企业,全部都得成为企划公司。

川岛 ___ 是的。您曾说过对日本企业而言,企划将会成为事业的核心。

增田 ___ 是啊,因此当一家企业发觉企划的重要性并打算深入时,就得立刻着手,而且不做不行。

川岛 ___ 情况有这么危急吗?

增田 ___ 有,在我看来,有太多企业,不这么做就只能关门大吉了。

从财务资本到智慧资本

增田___接下来我想稍微谈一下财务资本与智慧资本，应该没关系吧？

川岛___一下子就跳那么难（笑）。请问什么是智慧资本？

增田___在我说过好几次的第一阶段与第二阶段中，企业建立起来的，都属于财务资本。

川岛___财务资本？

增田___以第一阶段而言是物资，以第二阶段而言则是购物平台，这些都需要资本来打造，因此财务就是企业的基础。然而一旦进入第三阶段，企业的基础就必须改变。川岛小姐，你知道为什么吗？

川岛___……

增田___因为不论拥有多少钱，光这样是产不出企划案的。换言之，企业的基础已不再是财务。

川岛＿ 原来如此，财务资本的时代已成为过去式。那是由智慧资本来取代喽?

增田＿ 是的，正是智慧资本。以人的智慧为资本，不断产出企划，这才是现在该追求的时代。而日本现在需要的，正是朝着 2020 年累积智慧资本。

川岛＿ 东京奥运会。

增田＿ 半世纪前举办东京奥运会时，日本创造的是钢筋与水泥对吧?

川岛＿ 是的，像是新干线、首都高速公路等，那时出现了许多基础建设。

增田＿ 我认为，往后日本要创造的是智慧，而将智慧展现于全世界的时机，便是下次的东京奥运会。

川岛＿ 增田社长，您又抛出了一个好大的题目。

增田＿ 我是认真地认为，智慧资本对于未来的企业、企业所在的都市及小区，以及日本这个国家而言，是不可或缺的。

川岛___原来智慧资本真的那么重要，重要到可以创造日本的独特性与优势？

增田___我再重复一次，由财务资本的多寡，来决定企业活动成败的时代，早就已经结束了。在未来的时代，一家公司拥有多少智慧资本，并且能善用多少到公司内外，才是决定公司未来的关键，我是真心这么认为的。

川岛___真有意思！这个话题很重要，我想留到您再次与我提及经营相关的话题时，再向您请教。

善用企划公司的“立场”

川岛___在这里我想请教一个问题，增田社长为什么想要创立企划公司呢？

增田___因为我认为立场有价值。

川岛___“立场有价值”？

增田 ___ 毕竟，白手起家的弱小企业，要与资金、人力都雄厚的大企业在同一个领域竞争，是没有胜算的。但若改变领域，也就是转换立场，或许就能催生出新的价值。即便对手是大型企业，企划这份工作，仍然具有竞争优势。

川岛 ___ 不过增田社长应该是本身就很喜欢企划吧？

增田 ___ 当然喽。我就像是企划的集合体，对于赚钱、当社长，这些我一点兴趣也没有。

川岛 ___ 咦？真的吗？我不相信。

增田 ___ 哎呀，是真的。因为企划真的很有趣呀！和大企业做同一个产业，我可能会输，但若只让我做企划的部分，我搞不好会赢呢。而且因为是企划，我还可以跟所有企业接触。

川岛 ___ 增田社长，您果然很好胜（笑）。就像您刚才说的，若是企划，那就不是与大企业在同一个相扑台上比画，而是在另一个相扑台上奋战了。

增田 ___ 我一直想在无关金钱与地位的企划上得第一名。川岛小姐，企划其实和上高尔夫球课是一样的。

川岛＿＿高尔夫球课？

增田＿＿上高尔夫球课时看不见自己挥杆的模样，却能揣摩别人挥杆的动作。同样的道理，只要站在外头往内看，就一定能有所体会。如此便能和大企业一决雌雄了。

川岛＿＿从外面看大企业，延续优点，改掉缺点。就这层意义而言，企划和上高尔夫球课是一样的。那么增田社长，您是从什么时候开始意识到这件事的呢？

增田＿＿在我大学毕业，进入铃屋这家公司上班后。当时我虽然年轻，公司还是把"青山 Bell Commons"这家服饰店的开发案，交给我从头企划。

川岛＿＿青山 Bell Commons，是 20 世纪 70 年代末期于青山出现，象征时代光辉的知名服饰百货。如今回想起来，它其实是以时尚为核心的复合商业设施的先驱。原来那是增田社长规划的呀？

增田＿＿是的。铃屋不是专卖女装吗？所以公司里虽然有专门进货、选货、打造店面的专家，却缺乏规划青山 Bell Commons 这类商业设施的专家。于是有一天，这个工作就落到我头上了。我从零开始企划，将它打造出来。当时做得浑然忘我，不知不觉就完成了。同时我也发现企划这个工作原来这么有趣。

企划人的信用贵如生命

增田___ 最后我想谈一下，企划人想成功绝对不能忘记的事。

川岛___ 请说。

增田___ 那就是“增田社长都这么说了，那就做吧”。换言之就是信用。一个人是否能获得他人的信任，代表着他是否能成为领袖，这点非常重要。

川岛___ 领袖并不是任谁都可以当的，我还是认为那是增田社长您有本事。

增田___ 不，川岛小姐，领袖之所以被人们信赖，不是天生的，而是靠努力得来的。

川岛___ 是这样吗？我一直认为那是一种与生俱来的才华。那该怎么努力呢?

增田___领袖是什么?就是我刚才说的,成为一个可以让普通人成功接纳理解范围之外的东西的人。将一件事导向成功,接下来也同样成功,人们就会信赖你。反复下去,不断努力,便能成为领袖。这时自然就会产生信用了。

川岛___这说起来很简单,但在现实面要做,却是难上加难。

增田___当然喽。那么做得到的人,与做不到的人,差别在哪呢?我认为就在于能否持之以恒。努力让普通人理解之前不理解的东西,不断累积实际成绩,是最重要的。反过来若老是靠骗人赚钱,总有一天会一败涂地。这是肯定的,这种人我见多了。

川岛___持续下去,自然就会产生信用。

增田___是的。所以做不到的事情我绝不答应。

川岛___一旦站上增田社长您那样的位子,想必会有各式各样的人有求而来。像是"这么做,可以赚更多","要不要一起经营这笔会赚钱的大生意啊?"……

增田 ___ 老实说，确实如此。虽做不到一律拒绝，但做得到的必定遵守到底，这是我做人的铁律。像 DirecTV 失败的时候也是。我谈一下当时的情况好了。

川岛 ___ 麻烦您了。

增田 ___ 为了推动 DirecTV 这个新投资案，我募集了约 600 亿日元的现金，而且只靠一张嘴，就开始营运了。

川岛 ___ 有点像诈骗集团（笑）。

增田 ___ 当然，我说的每一句话都很真诚。我投入了 CCC 所有的股票当作担保，个人也投入了 200 亿日元，并请美国的休斯飞机公司出资 200 亿日元，之后又与知名企业龙头会面，请它们投资 DirecTV 企划案 200 亿日元。

川岛 ___ 好像不同世界的故事，光听就要昏倒了。

增田 ___ 我为什么这么做，其实是有充分理由的。这件事情我至今很少提及。

川岛 ___ 是什么呢？

增田＿当时 CCC 一年有 50 亿日元左右的利润，我个人的声望也建立起来了。我在大阪买了车、盖了房子，常到北新地饮酒作乐。总之，有了钱后，我过得很奢侈。但在某一天，我突然想到，等等，让小儿子看到自己这副模样真的没关系吗？这样的爸爸，有魅力吗？

川岛＿的确没什么魅力（笑）。

增田＿对吧？所以我赌了 200 亿日元，打算做一番事业。即便失败，变得身无分文，相信再过几年就能赚回来。我铁了心要尝试新的事业版图，希望哪天可以对儿子说："在你这个年纪，你爸可是做了这番丰功伟业。"

川岛＿也太帅了吧（笑）。

增田＿但 DirecTV 最终惨遭滑铁卢，而那 200 亿日元又必须还给银行，我急得像热锅上的蚂蚁。大概是因为我持有股票的公司上市了，也有可能是因为 CCC 上市了，加上够幸运，我总算在约定的期限内将金额全数偿还完毕。

川岛＿您太厉害了！

增田＿这个经验让我切身感受到，遵守约定的人才有信用。正因为我遵守约定，偿还了债务，之后 CCC 因为 MBO（管理层收购）而决定转成非上市公司时，那家银行才会愿意借我 1000 亿日元。

川岛 ___ 要对停止上市的公司借出 1000 亿日元，若非增田社长您值得信赖，这种事情绝不可能发生。

增田 ___ 幸亏银行肯借。只不过对我而言，赚钱是结果，不是目的，所以若有人找我谈生意却只说"会赚钱"，我就会觉得怪怪的。至于只向我强调"会赚钱"的人，我也会觉得他很可疑。

川岛 ___ 只看一眼就知道了吗？

增田 ___ 毕竟我看多了嘛。

只想"赚钱的生意"根本不存在

增田 ___ 话说回来我每天都会写博客给员工看。里面也有一些关于赚钱的文章，要看吗？

川岛＿＿每天写博客？您好勤快呀！请务必和我分享。

增田＿＿这是大约三周前的内容，那，要开始喽（朗读）。

赚钱不应该由想赚钱的人来做，它是一种企划出具有社会意义的顾客价值后，以适当的成本实践后所产生的利润。生意会建立在形形色色的利害关系上——与顾客是因价格关系而建立，与合作厂商是因合作条件而建立，与员工是因薪资关系而建立，与股东是因分红关系才于经济上建立。

倘若迎合这些关系人，例如以成本价便宜卖商品给顾客，给员工过分高额的薪资，以夸张的条件来采购，为了讨好股东而不合理地分红，很快，公司就会倒闭了。

因此，只有企划出即便高价，顾客也愿意消费的顾客价值；打造出员工愿意付出超越薪资的劳力来效劳的公司及工作；让供货商对未来的事业版图有所期待、予以信任，以合理的供货条件合作；成为在未来有价值的公司，让股东即便分红很少，也愿意投资。唯有让这些实现，公司才会赚钱，如此一来不但员工会成长，合作厂商也会一块成长。

所以说只想赚钱的生意根本不存在。赚钱是努力过后的果，不是因。

我选了其中一部分，没有全念，不过大概是这样的感觉。

川岛＿不只 CCC，放到任何一种行业的企业中，这都是通用的好观念。您每天都会写这样的博客，然后传给员工看啊？

增田＿我这不是在做样子，而是为所当为，所以每天都会做。我想把我的感受、想法，好好传达给员工，让他们了解。[①] 其实我真正想要的是当面对大家说，但不太可能这么做。

川岛＿毕竟您现在是大公司的社长。但正因为如此，每天都能看见您的肺腑之言，对员工、对 CCC 这家企业而言，都是无价的珍宝吧？

增田＿你这样说，让我有点开心。

川岛＿而且内容并不是对每天的业务训话，也不是在传授做生意的技巧，而是您在工作、生活上接触到的原理及原则。这种探究本质的分享，非常具有吸引力。虽然硬要

① 增田先生的博客集已由中信出版社于 2018 年 12 月出版，书名为《茑屋经营哲学》。——编者注

我说的话，文章里少了活生生的增田社长那有点俏皮幽默的风格，有点曲高和寡（笑），但我还是想每天阅读增田社长的博客。

健全的三成赔钱部门

增田 __ 既然你这样夸我，我就现场露一手吧。这个博客，真正说起来，其实不是我去写的，而是我口述，再由工作人员整理出来的，每天大概会分享5分钟左右。那么，今天我要分享的题目是“健全的三成赔钱部门”。

川岛 __ 哇，好期待！

增田 __ 那，要开始喽。

尽管函馆茑屋书店目前还在亏损，但就像梅谷店长所公布的，预计这个年度就会由亏转盈。

在这里，我想告诉大家的是，一个成长中的企业，必定会有三成赔钱的部门。这代表现在提供给顾客的服务，虽然能吸引许多人前来，但若以顾客的需求与欲望来打造店面，就现在而言规模还是太大了、顾客难以理解，因此营业额不如预期。但随着时间流逝，当顾客逐渐发觉它的优点，规模就会变得刚刚好，营业额也会逐渐上升。

前几天，我正打算从羽田机场乘车的时候，发现出租车招呼站停了许多TOYOTA的车款PRIUS。看看我们的城镇，路上也有许多PRIUS。PRIUS应该是TOYOTA卖得最好的车型了。然而在PRIUS刚上市时，由于电池、EV（Elevtric Vehicle，纯电模式）、油电混合引擎等，导致开发费用庞大，每次卖出都是一笔亏损。但现在，TOYOTA却因为PRIUS获得了庞大的利润，品牌形象也变得非常好。即使同行现在也要做相同的车系，也只能耗费庞大的开发费用，像当初TOYOTA经历过的一样，从每卖一辆就亏一辆的谷底爬起。TOYOTA是最早销售油电混合车的汽车厂商，还可以用稍高的售价来控制亏损，如今TOYOTA的PRIUS已经卖得相当便宜了，因此新厂商的亏损，必定会比当时的TOYOTA还要严重。

函馆茑屋书店也一样，现在虽然亏损，但不久便会转亏为盈、称霸市场。以那样的规模来主宰市场，后来者就很难打入函馆市场了。若只以保守的规模在函馆建造TSUTAYA，恐怕竞争同行就会反过来规划2000坪的店面，来逼退规模较小的TSUTAYA。因此成长中的企业，必定要有三成部门是亏损的，CCC打算一直将这三成健全的赔钱部门培养下去。

大概就是这样吧。

川岛＿＿真有意思！

增田＿＿有点不好意思，毕竟只是大概分享一下（笑）。工作人员就会逐字把稿打出来寄给我，然后我再迅速修正、寄回去，由他们附上照片并上传。

川岛＿＿明明是口述，却完全没有中断或停顿，行云流水、出口成章。感觉有点像演员（笑）。

增田＿＿是吗？我做惯了，所以自己不这么认为。

川岛＿＿刚才您说的博客内容，是指刚开始开拓市场时，若能耐得住亏损，让案子成功，便能称霸市场，形成独占，对吗？

增田＿＿若刚开始亏损，后来仍能成功，就代表已经占尽优势。因此刚开始的亏损，其实算是场地费。

川岛＿＿场地费？

增田＿＿对。我们必须花钱租借场地，来让第一场表演顺利演出，所以一开始是亏损的。想要不付场地费就把场地包下来，是不可能的，一定要有即便亏损，最后也得把场地包下来的觉悟。这对企划公司而言是必要的。

川岛 ___ 刚才您让我看的博客，与现在的现场博客，提到的都是增田社长您创作企划案的灵感与观点。对一个社长的博客来说，这相当特别。

增田 ___ 很奇怪吗?

川岛 ___ 社长的博客，大多是关于公司运营方针上的心得或训话。因此您的博客，不太像是社长写的（笑）。今天我对 CCC 又有了更深一层的认识。

增田 ___ 看来外界还是不太了解我的作风。

川岛 ___ 是啊。毕竟分布于全国的 1400 家 TSUTAYA，以及增田社长您给人的印象，从外界来看实在太强大了，所以这样的作风才没有传出去吧? 实在很可惜哪。

谜团终于解开了。增田社长描述、实行的各种战略中，都贯穿了明确的基轴，没有互斥与矛盾。

他一路追求的，在于彻底探究“何谓人”，并将它融入企划里。

人们喜欢什么、人们为何高兴、人们因什么而感到幸福——探究人类根本的欲望并满足它，是增田社长一路以来的目标。他不断尝试各种形式，仿佛在进行一场探索人类本性的庞大实验。

其中一种探索“何谓人”的路径，是数字与模拟。一个是“与人类根本欲望相关的大数据”，另一个则是“与人类根本欲望相关的直觉”。以通往终点的路径而言，选择任何一条都不正确，也没有任何一条路可以单独存在。因为两条路才是正确答案，两者都是必要的。

换言之，说在增田社长心中，持续探究“何谓人”并找出答案，就是在建构商业理论，其实一点也不为过。

话虽如此，驱使他屹立至今的，又是什么呢？其中关键就在于增田社长的成长背景。

第四章

为什么
那么懂女人?

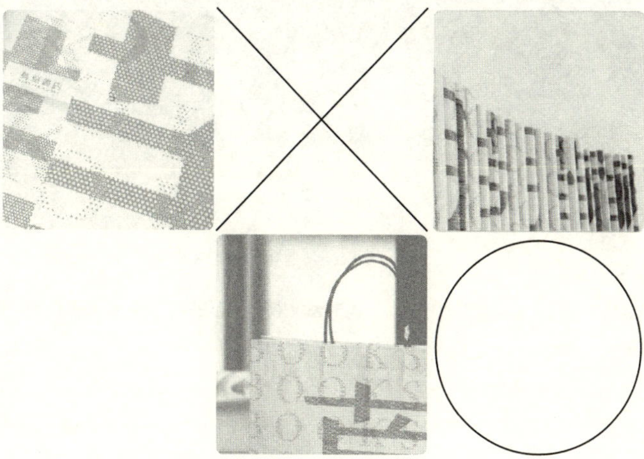

高中时代的增田社长是摔跤社的成员，同时也玩乐团，担任副吉他手与主唱（照片提供：CCC）

下一个谜团，是增田社长为何会思考“何谓人”这个议题。

追溯他的成长背景，可以发现主要有两大原因。

其一是增田社长是在置屋长大的。他在那里看过了太多人世间的悲欢离合。人们活着时经历的酸甜苦辣，屡屡在他面前上演，因此不难想象，为何他会将关心的议题转向“何谓人”。

另一个原因，是他本来就热爱时尚，甚至曾到裁缝学校上课，到铃屋上班。在 20 世纪 70 年代至 80 年代的时尚业界，他累积了丰富的经验。日本的时尚凭借着时代优势，在发展上势如破竹。时尚是商业的先锋，同时也是文化的核心。

身处时代中心的时尚领域，接触营销让增田社长原本的观察力变得更敏锐了。如何吸引顾客？如何提升商品在顾客眼中的价值？如何创造让顾客深受吸引的商品魅力？这些问题的答案，不都全部指向了“何谓人”吗？

以下是增田社长赤裸裸的回答。

建筑公司与置屋

川岛___今天想请增田社长聊聊，您在创立茑屋书店枚方店以前的事情，也就是您自身的成长背景。

增田___这可是我国初次公开的大八卦呀（笑）。哎呀，川岛小姐，有什么问题尽管问吧，我会知无不言的。

川岛___真令人高兴，那我就马上开始喽。首先，相信您已经在很多地方分享过了，关于“茑屋”这个名字的起源，能不能请您再说一次呢？

增田___那是我创立的第一家店，所以在取名上想了很久。一家帅气的书店，该叫什么名字呢？说到大型书店，纪伊国屋书店、旭屋书店都很有名，在我心里，它们的形象既正统又帅气。既然如此，依同样的系统取为“× × 屋书店”应该不错，于是最后就取了“茑屋书店”。

川岛___可是为什么是“茑屋”呢？

增田___我的爷爷白手起家，创立了建筑承包商增田组，兴建了枚方警察署、枚方公园、公设市场等建筑物。在建筑业，他涉猎很广。有趣的是，爷爷还另外经营了置屋[①]，屋号是茑屋，因此我对“茑屋”这个名字很有好感。而“茑屋书店”听起来既古典又带点时尚，感觉相当不错，于是就这么定案了。

川岛＿＿咦，好惊讶。原来增田社长家原本是建筑公司，而且还开置屋？好特别啊。男性阳刚的世界，与女性柔媚的世界，竟同时并存。

增田＿＿是啊。话说开店当天，朋友传了一张传真过来，问我：“你应该知道这个吧？”我才在想到底是什么，一看，结果是一张《广辞苑》[②]的影印纸。

川岛＿＿啊？《广辞苑》的影印纸？

增田＿＿那一页刚好在解释“茑屋”这个词。

川岛＿＿原来《广辞苑》里有“茑屋”这个词！真是令人惊讶。

---

① 置屋，即艺伎事务所，除了提供住宿外，也负责艺伎的训练及工作接洽。——译者注

② 《广辞苑》，日本有名的日文辞典之一，由岩波书店发行，被称为日本的“国民辞典”。——编者注

增田 ___ 现在书里还找得到，有空你可以翻翻。

川岛 ___ 是我孤陋寡闻了。

增田 ___ 读了之后，我也吓了一跳。原来“茑屋”是一家江户时代书店的屋号。店主的名字叫茑屋重三郎，是江户时代中期，在日本桥经营出版社的出版人。他出版过山东京传的通俗小说，喜多川歌麿的与东洲斋写乐的浮世绘，连曲亭（泷泽）马琴与十返舍一九等作家，在年轻的时都受过重三郎的照顾，你不觉他是个很了不起的人吗？他看到了艺术家们的才华，并且培育他们，相当于当时的出版制作人。

川岛 ___ 真的假的？要说巧合，那也未免太巧了。真是个有趣的故事。

增田 ___ 我也觉得很有趣。所以关于重三郎，我查了很多资料，结果发现了更有趣的事情。

川岛 ___ 是什么呢？

增田 ___ 我发现重三郎在日本桥开店前，曾在江户吉原大门町开店。这就是当时的绘图，你看，在吉原的一角，“茑屋书店”长这个样子。

川岛___您找到了好珍贵的史料啊。而且还真的是“茑屋”。

增田___如果“茑屋”是江户安永年前至宽正年间的书店，那么茑屋书店就是现代的书店了。然后，当年 24 岁的重三郎，还做了一个很有趣的东西，叫作《吉原细见》。

川岛___《吉原细见》？那是什么？

增田___“细见”就是详细记录妓院及青楼女子名号的导览书，也就是花名册。当时吉原受欢迎的妓女，全都被记载在上头。

川岛___就像人气排行榜一样吗？

增田___简单来说就是那样。之后重三郎就像我刚才说的，开始在日本桥经营出版浮世绘的“茑屋”。而查过资料后，我发现重三郎刚好也是在置屋长大的。

川岛___咦？那不就跟增田社长一样吗？

增田___知道这件事情后，我发觉无论老家是置屋，还是从年轻时就开书店，我与重三郎之间，似乎都有着很深的缘分。

川岛 ___ 原来如此，我已经了解命名的渊源了。不用 TSUTAYA，而用汉字标记“代官山茑屋书店”，想必也与刚才您分享的故事有关吧。

在女人堆里长大

增田 ___ 如同我刚才说的，我与重三郎一样，都在置屋长大，都是烟花柳巷里的小鬼。所以从小，我就被取了个“小色鬼”的绰号。

川岛 ___ 真的吗？

增田 ___ 真的啊。我生长的环境，周围全是女人，有爱管闲事的老妈，也有姐姐和妹妹。我的体格纤细，身体也不太好，有点弱不禁风（笑）。家里有许多下人，我的生活起居，全部都由保姆们照料。当然，家里也有许多莺莺燕燕。所以我一直称呼自己为“人家”，到了中学还一口女性用语，活像个娘娘腔（笑）。在我心中，认为那是很正常的，一点也不感到奇怪，毕竟小时候的人格也还不成熟。

川岛 ___ 听起来真的很像女孩子。您这么一说，似乎现在也还留有这么一点味道（笑）。

增田 ___ 对吧。到了高中时期，开始有自我意识后，我受到了朋友们的质疑："你说话的语气和动作，怪怪的。"听他们一说，我陷入了沉思。被说"怪"，果然是一件很狼狈的事情。于是我拼了命地矫正，逼自己像男人一样走路，语调也变了。

川岛 ___ 在那之前，您都是用女性姿势走路吗?

增田 ___ 没错。用女性姿势走路，讲女性用语（笑）。进入高中后，我发觉再这样下去我的未来就毁了，于是发愤进入摔跤社，锻炼身体。一般来说，摔跤社都会去找孔武有力的人来参加，像我这样弱不禁风的人，通常是不会加入摔跤社的。

川岛 ___ 但您想挑战看看。

增田___是的。关于这点我有强韧的意志（笑）。只要进入摔跤社后，每天接受特训，早上晨练，中午举重，下午拳击，日复一日，身体一定会逐渐强壮，这么一来就能变得比欺负我的人还要壮硕。即便摇摇欲坠如我，只要努力，一定可以活下去，靠意志克服一切。

川岛___增田社长之所有拥有那么坚强的意志力，应该跟这段摔跤特训的故事有关吧。

增田___还有，就是我父亲经商失败。我看着他的背影长大，深知社会并不好混，想要独立创业，可没那么容易成功。所以我很清楚，创业是一场比赛，而我一定得赢，我的这份意识比常人都强。因为一旦失败了，家人与员工都得流落街头，所以我绝对不能失败。这份念头非常强烈。总觉得有点离题了。

川岛___不好意思，是我离题了。

增田___刚才谈到哪了？我来聊一下在烟花柳巷长大所看到的环境吧。

川岛___麻烦您了。

增田 ___ 总之，我从小就看着女人长大，连说话都被感染了。回想当时，我家因为经营建筑公司，所以房子比一般人家大。至于里头的格局呢（开始画房屋格局图），长这样，这是大约20世纪50年代后半段的模样。仓库在这附近，这里是主屋，这里是内厅，然后这里是中庭，这一带是食堂，这里是小屋。这块角落叫作“烟见世”，专卖香烟。然后，这里就是俗称的“见世”（格子窗），女人们会在这里排排站，诱惑顾客。

川岛 ___ 我曾在电影中看过“见世”，所以妓女们真的会站在这里，朝着外面搔首弄姿吗？这种地方竟然就存在于您家里，实际听到还是觉得很不可置信。增田社长从懂事以来，就在这样的环境中长大。您亲身体验了何谓女人、何谓性、何谓人，这恐怕大大影响了您对一切事物的看法吧？

增田 ___ 是啊。我家的环境跟一般父母双全的和乐家庭截然不同。爷爷的这间置屋，一直开到《卖春防治法》颁布以前，也就是到我6岁左右为止，当时家里龙蛇混杂，左邻右舍也全都是妓院，因此我从小就是在各种人性欲望的耳濡目染下长大的。这些对我而言，稀松平常。

川岛 ___ 像是女色？

增田 ___ 例如，我家前面有一条河，那里有一张长椅，女人们会坐在那乘凉。我会看着她们裸露的乳沟，心想“好漂亮，像棉花糖似的”。

川岛 ___ 您不认为那是应该遮遮掩掩、是不能看的呢。您比我想象中还要淡定。

增田 ___ 去完澡堂要回家时，还会看到把毛巾系在腰上，赤裸着上半身正在化妆的女人，这些全都会被我看得一清二楚。

川岛 ___ 真惊人。不过您从小的环境就是这样，早就司空见惯了吧。

增田 ___ 说得偏激一点，“情欲是快乐的”这个概念在我心里早就根深蒂固了。

川岛 ___ 怎么每次和增田社长聊天，总会接触到情色的话题呢（笑）？但神奇的是，一点都不会让人不舒服，对此我一直感到不可思议，原来这都是有原因的。毕竟对增田社长而言，性这种欲望人人都会有，它能使人快乐、幸福，这已经化为您的血肉了。

增田 ___ 其实我自己也不是很清楚，但大概是吧。所以商业杂志及商业书籍里常见的，教人如何赚钱，如何获得地位与权力，我完全没兴趣。我认为那些没什么意义，在我看来，那是一种完全忽视“身为人的快乐”的价值观。

只顾自己开心的企划一定失败

川岛 ___ 增田社长您说的“身为人的快乐”，也就是情欲，指的应该是人类本能中永远存在的欲望吧？这明明很重要，我却从未这么想过，总是下意识地觉得羞耻，愧于谈及它。

增田 ___ 所以听我这么一说，你也觉得情欲很正常对吧？一点都不偏激。

川岛 ___ 是啊。有时我听增田社长谈话，会很好奇您为什么那么懂女人呢？原来答案就在这里。或许情色、性爱这些人性中的渴望，与人们不断追求的幸福快乐，在某处是相通的吧。

增田 ___ 没错。幸福与快乐，是人在本质上所追求的。深入浅出地持续探究这件事，就是我的工作。

川岛 ___ 增田社长一直以幸福快乐根源中的渴望为基础来打造店面，进行生活提案。然而这个社会却如同刚才所说的，充满了忽视这份渴望，只想着如何吸引顾客，如何赚钱的商店。这样当然无法引起顾客的共鸣。

增田 ___ 是啊，这对我来说是理所当然的。

川岛 ___ 让我斗胆说一句，我发觉增田社长体内，似乎藏着一个女人。您的外表虽然是铁铮铮的男子汉，但语气或动作，却隐约透露出一股女人味（笑）。有时是天真无邪的少女，有时是艳丽的熟女。

增田 ___ 真的吗？既然在你眼里是这样，那大概就是吧（笑）。还有另一点，生活提案不都会有一个作为出发点的理念吗？但进一步研究后会发现，很多时候比起让顾客开心，厂商似乎更顾着自己高兴就好。

川岛 ___ 没错，看了企划书或公开的成品，有时真的会让人产生“这是什么？”的疑惑，尽是一些虚无缥渺的文案。

增田＿ 那是因为他们没有利他精神，只顾着自己高兴吧?

川岛＿ 利他?

增田＿ 就是能否打心底为对方着想。

川岛＿ 原来如此。但在刚开始制作企划案时，相信他们多少还是有利他精神的。毕竟企划书是在为了顾客、为了目标消费群体的逻辑下产生的，只是在不断的调查与讨论中渐渐本末倒置，忘了究竟是为了谁，要提供什么。还有另一个原因，感觉是没有道理的，有时凭着感觉做，便偏离了企划书。其实不忘初衷或许才是最重要的。

增田＿ 那就流于利己，而非利他了。硬是找理由，不过是在自我满足罢了。毕竟你想想看嘛，性爱原本就是利他的，不是吗?

川岛＿ 您是指彼此取悦，营造幸福甜蜜的感受吗?果然还是要回归“情欲”这个词。

增田＿ 是的，正是充满性的情欲世界，青楼女子们全都很清楚这一点。所以我才会主张，无论在任何事物上，都要讨顾客欢心，若只强调个人主义，顾客就不会上门了。这种利他结果也让自己变幸福的故事，我从小看得太多了，而它也成了我的信念之一。

川岛___这放在营销上，就是指顾客的观点、顾客的心情吧？明明大家也很重视这些，却常常只停留在如何去做的肤浅阶段，而未触及情欲般的深层领域。

增田___没错。川岛小姐，另外请你再仔细想想看。梦想、浪漫，不是会让人情绪高亢吗？少了这些要素，打造商店上就绝对不会成功。

川岛___您这么一说，的确是。当我去到一家店里，觉得这里好棒时，都是因为那里有着很迷人的世界观。

文化是一种“情欲”

增田___对吧？接下来又要探讨本质的问题了。川岛小姐，你认为文化是什么？

川岛___又是一个好难的题目。嗯……一言难尽。

增田＿＿我认为，能够刺激人与生俱来的爱、欲、梦想的东西，就叫作文化。无论是音乐、电影、书籍、艺术，都因为触及情欲，所以令人动容，而这些全都是文化。其实情欲，本来就是一种高次元的爱。

川岛＿＿触及情欲，便能渗透人的五官，而不仅仅在道理上让人屈服。文化的确就是这么回事。

增田＿＿所以文化其实就是情欲。这代表，在营销领域中，拥有情欲的观点是很重要的。

川岛＿＿也就是情欲式营销对吧？不是下流的那种。情欲是很重要的，少了它，身为提供者的企业做出的东西与服务就不吸引人了。

增田＿＿对吧。关于这点，我发现我有一种神奇的能力，可以稍微提一下吗？

川岛＿＿哦？是什么啊？

增田＿＿我和他人的不同之处，就在于我能瞬移。

川岛＿＿瞬移？您又说出让人一头雾水的话了。

增田＿＿就是变成他人的双眼。我可以移动到孩子身上，也可以移动到老婆婆身上，当然，我也可以移动到川岛小姐身上，变成川岛小姐。

川岛＿＿“变成”是什么意思？

增田＿＿就是将自己的视角转换成川岛小姐的视角。无论对方是谁，我都能把视角转换过去，这就叫瞬移（即换位思考）。所以对方的心情、想说的话，我都了如指掌。

川岛＿＿您从小就这样吗？

增田＿＿是啊，我还很疑惑为什么别人不会这样呢。不过这种能力真正被磨炼成熟，是在我自己开了公司后。我创立CCC后，为了延揽加盟主而四处谈生意，当时的我真的很拼命，毕竟只有半瓶水是无法说服他们的。就是在当时，逼出了我天生的换位思考能力。总之，我非常努力地站在对方的立场，用对方最听得懂的语言，说出他想听的话。

川岛＿＿您这个天生的能力好特别，而且很强。

增田＿＿是啊，我很幸运。但光是与生俱来是没有用的，还得持续琢磨，这点很重要。

川岛 ＿ 增田社长每天都会磨炼它吗？

增田 ＿ 当然喽，我总是在各式各样的场所，练习以许多人的角度想问题。例如，坐在国会议事堂的议长席上，会是什么感觉？假设我是外国元首，要以什么样的心态来领导国家？或者每天都来代官山茑屋书店的那位顾客，他的心情是什么样的？刚刚在电梯里跟我打招呼的年轻员工，对我回他的话有什么感想？我会像这样，在各式各样的场合，换位到形形色色的人身上，来进行思考。

川岛 ＿ 原来如此，所谓换位思考，就是去了解对方追求的是什么。这不就是营销的本质吗？

增田 ＿ 没错。营销并不是只靠调查就可以弄懂，还得设身处地去体会对方的心情，这是最重要的。

川岛 ＿ 增田社长，您不必等对方开口，光是揣摩对方的心情，就能知道对方想要什么。这实在太厉害了。

增田 ＿ 是吗？这就跟我刚才讲的一样，对我来说是很理所当然的。

川岛___对一般人来说才不理所当然呢，所以才会有那么多店都很乏味啊。话说增田社长，您不就是通过这项能力，凭借让乏味的店变有趣来谋生的吗？

增田___哎呀，你说得是（笑）。

民谣乐团与时尚

川岛___刚才已经听您聊过小时候的故事了。进入青春期后自我意识开始成熟，希望成为肌肉男而练摔跤，也是一段有趣的插曲。在那之后又怎么样了呢？

增田___进入高中后，我边练摔跤，边玩乐团。类似民谣乐团。我是副吉他手和主唱。

川岛___那您一定很受女生欢迎。

增田___还不错啦（笑）。我们是四人乐团，我担任造型师，除了会帮牛仔裤加工、做旧，还会把牛仔裤裁成包包。

川岛___连这些都亲自动手做呀?您真的好热爱时尚。

增田___音乐与时尚我都喜欢。当时为了出道,我们还去参加海选,我记得是 TEICHIKU 唱片吧,后来只有一个团员被相中,乐团就解散了。进入唱片公司后,他的出道曲是《对战争一无所知的孩子们》,被抛下的我,真的很有挫败感。

川岛___嗯,人生在世,挫折难免。

增田___当时因为我喜欢时尚,就一边保留大学学籍,一边去上田安子服饰学院这所裁缝学校上课。

川岛___所以您一共上了大学与裁缝学校这两所学校,这是跨校双学位吗?

增田___是啊。之后我从大学与裁缝学校双双毕业,非常认真地思考是否要成为时尚设计师。不过当时,高田贤三、三宅一生这些大师已经崭露头角了,我自认难以超越他们(笑)。既然拿不到第一名,那我就不要做了,于是我放弃成为时尚设计师。但我也不愿成为普通的上班族,所以决定先进入时尚商业界练功。然后就进入了铃屋,在那里受到了文化冲击。

川岛 ___ 什么样的文化冲击呢?

增田 ___ 我父母家世显赫，亲戚不是政治家就是企业家，每个都是大富豪，日子过得很奢侈，人脉也很广阔。我是在这些人身边出生长大的。就像我刚才说的，我爷爷经营一家叫作增田组的建筑公司，家境很富裕，我父亲虽然是次子，但因故继承了家产。他因为有钱，所以总是有很多人围绕在他身边，邀他参与新的投资、请他当借贷的担保人。父亲是个老好人，总会答应，但也因此，财产日益减少。

川岛 ___ 哇，好像连续剧。

增田 ___ 在我小时候，家里的经济状况虽然不太好，但因为父亲仍需与当地士绅交好，所以不能让人知道。然而父亲对金钱的满不在乎，却导致压力都落在我母亲身上。

川岛 ___ 您对当时的记忆还很深刻吗?

增田 ___ 是啊。我们家很特别，所以亲戚经常聚在一起。母亲的亲戚每个都是政商名流，父亲一站进去，就相形见绌，他没有自己的事业，插不进大家的话题里，总是矮人一截。这样的情景深深烙印在我脑中。真要说起来，我其实是在这种心理上矮人一截的压力下长大的，这是我的亲身经历。

川岛 ___ 心理上矮人一截？

增田 ___ 身边的人都是富翁，有一定的社会地位，站在他们之中，就对自身的贫穷感到自卑。但之前也说过了，我们家其实没那么穷，所以那其实是一种心理上的贫乏。

川岛 ___ 或许增田社长，您对您拥有的地位、权力的淡泊，以及希望带给家人幸福的强烈心愿，就源于这段成长背景。

增田 ___ 是啊。我一直想要战胜这种心理匮乏。但其实当年我母亲，还是很疼我。

川岛 ___ 您是长男，一定很受宠吧。

增田 ___ 其实我在上幼儿园时曾经出过车祸，当时我被三轮卡车撞到，拖行了一段路，右脸也因为擦撞地面而被削掉一块。现在我的右眉毛尾端少了一截，就是当时留下的伤痕。大概是因为发生过这件事吧，所以母亲特别疼我。

川岛 ___ 您应该很黏妈妈，很爱撒娇吧。

增田___现在回想起来的确是。小学的时候，母亲买了溜冰鞋给我，我是班上最早拥有溜冰鞋的人，同学都很羡慕我。后来越买越好，到了高中因为要组乐团，妈妈就买了吉他给我。上大学后，还买了当时很流行的车款 ISUZU 的 117Coupe 送我。当时我家其实一点都不富裕，但我母亲还是让我吃好的、穿好的。

川岛___您真是被母亲捧在手心里啊。

增田___说起来，我大学毕业时，家里还让我去欧洲玩。我想母亲应该是自己掏腰包让我出去的。所以关于玩这件事，我有自信比其他人都多玩了一点。不只衣服，在生活中也是，我一直以为我比身边任何人体验过的都丰富。但到铃屋上班，成为上班族后，我才发现我大错特错。

川岛___为什么呢?

增田___铃屋社长生活之奢侈、出手之阔绰，把我吓到了。中午在六本木的餐厅吃饭，晚上到芝（东京铁塔一带）的餐厅用餐，之后又到银座的俱乐部玩，车子开的是捷豹。看到这些，我才发现要比生活质量，真是人外有人，天外有天。我发觉自己还太嫩了，还要多学着点，所以就一不做二不休。

川岛 ___ 铆足劲儿玩吗？

增田 ___ 当时是迪斯科舞厅的全盛期，我每天晚上都泡在那里，独占 VIP 室，当然，还花了大把的钞票买衣服、玩车，信用卡一下子就刷爆了，当时真是挥金如土。直到现在，我都认为钱不是用来存的，钱之所以必要，是为了工作，更进一步说是为了获得经验，去认识新的事物。

川岛 ___ 您过得好奢侈，不过这也是一种田野调查嘛（笑）。

增田 ___ 当然喽。

进公司第二年就被委以重任

川岛 ___ 那么增田社长，您在铃屋负责的是什么样的工作呢？

增田 ___ 进公司第二年，上头交付了我一项任务，在轻井泽为铃屋打造新的商业设施。当时盖的是轻井泽 Bell Commons。

川岛 ___ 真厉害。70 年代时尚业的气势之旺，是现在完全难以想象的，那是一个走在时代尖端的产业。

增田 ___ 所以才会把那么大的案子交给我这个新人吧。当时我的提案是“新形态度假型购物中心”。那是我初次提案，结果几乎原封不动被采用了，吓了我一跳。在当年那可是预算超过 1 亿日元的案子呢。

川岛 ___ 您的企划很快就化为实体了。

增田 ___ 是啊。我规划的案子，真的变成了一家新的店，当时的兴奋与感动我永远忘不了。开幕后，顾客与媒体的反响也很热烈，这让我很高兴。

川岛 ___ 意思是非常成功喽？

增田 ___ 评价非常高。回想起来，那是我对这份工作产生自信与自觉的契机啊。

川岛 ___ 我记得在那之后，您还规划了青山 Bell Commons。

增田 ___ 在那之前还有一间鹿儿岛 Bell Commons，但我在那里重重跌了一跤。

川岛 ___ 咦？在轻井泽旗开得胜后，却在鹿儿岛遭遇滑铁卢？

增田 ___ 鹿儿岛 Bell Commons 交通不便，开幕后几乎没什么顾客来。不过现在回想起来，我觉得失败也是很好的经验。工作无论成功或失败，都能增加自己的经验。

川岛 ___ 我听很多企业家都提过类似的概念，但在现实组织中，一旦失败不就会被雪藏，甚至炒鱿鱼吗？很多上班族就是因为害怕变成这样，所以不愿挑战新事物。

增田 ___ 我待过的铃屋不一样，它让我把鹿儿岛的案子从头做起。为了这个案子，我还搬到那里住。

川岛 ___ 您在那里一定获益良多。重跌一跤的结果，就是这些经验都化成您的血肉了。

增田 ___ 之后的课题才是青山 Bell Commons。

川岛 ___ 原来如此。从失败中站起来，迎向下一个挑战。增田社长，您从年轻时开始，气质就没什么改变。

增田 ___ 我在那里做了快十年后，毅然决然结束了上班族生涯。

川岛＿终于要创业了。

因想让家人幸福而创业

川岛＿为什么您要辞去这么有趣的工作，自己创业呢？更进一步说，为什么您要开公司呢？

增田＿哎呀，其实理由很单纯，因为我想让家人幸福。我在刚才说的那种家庭长大，不知不觉认知到了自己身为长男、一家之主的责任。身为一家之主的我，责任就是振兴增田家，让家里稳定，为此我必须很努力。现在回想起来，这段旧事有点蠢，不过当时我的想法是，以一家之主的身份，送四名照顾过我的女人一人1亿日元。

川岛＿真惊人，不过四名女人是指谁？然后为什么是1亿日元呢？

增田＿养育我、帮我加油打气的母亲，支持我的太太，照顾我的姐姐与妹妹，我想送这四个人一人1亿日元。至于金额本身，并没有什么深刻的含意（笑）。我只是想把对她们的谢意实体化而已。若只当上班族，无论做多少年，都不可能实现，这就是我独立创业的原因。

川岛 ___ 咦？是这样啊？原来不是因为讨厌铃屋，或者想做一番更大的事业？

增田 ___ 不是呀。另一个原因是，我虽然没有当时尚设计师的才华，但因为在铃屋做过 Bell Commons 的开发案，所以自认可以胜任靠头脑让土地增值的工作。而在我那些富裕大地主亲戚中，有的人完全不晓得该如何运作土地。如果我能运用聪明才智做生意，就能帮助他们了。于是我越来越向不动产业界靠拢。

川岛 ___ 不动产业界？您又吓了我一跳。

增田 ___ 我还拥有房地产中介师的执照哦。

川岛 ___ 您是什么时候考的？

增田 ___ 在我还是铃屋的员工时，每天早起苦读，一次就过关了。

川岛 ___ 果然不是泛泛之辈（笑）。

增田 ___ 总之，我会开公司，只是想带给家人幸福而已。

川岛 ___ 听起来有点冠冕堂皇呢（笑）。

增田 ___ 我是认真的，不是冠冕堂皇。我想让家人幸福的这种念头，还延伸到了员工身上，希望他们也能幸福。我开公司的动机就是这么纯粹，但恐怕世人并不这么看待我。

川岛 ___ 的确不会那样看您（笑）。您给人的印象，是拥有强大的意志，工作干练，以驰骋商场为荣，有权又有钱，令人有点难以亲近。

增田 ___ 这真是天大的误解。我在代官山散步的时候，就常常有不认识的人向我打招呼，问我："您是 TSUTAYA 的社长增田先生吧？"

川岛 ___ 因为您是名人嘛。

增田 ___ 不是那样的。我希望许许多多的人，都能开心造访代官山茑屋书店，然后爱上这里，这种气氛会让我很愉快。我想要珍惜家人、珍惜员工、珍惜顾客，当大家也都怀着一颗感恩的心，就是我最大的快乐。因为我认为人生中最该重视的，就是家人。

川岛 ___ 果然是家人。

增田 ___ 是啊，无论是我的原生家庭，还是我自己组建的家庭，都是我最珍惜的事物。

川岛 ___ 或许这与您从小就被许多人照顾，在充满爱的环境下长大有很大的关联。

增田 ___ 是啊。我出生长大的环境，教会了我什么是爱。

川岛 ___ 爱啊（笑）。爱如果常挂在嘴边，只会让人觉得肉麻，但从您口中说出来，却莫名地有说服力。但很遗憾，世人对增田社长的印象，与您想的毕竟还是不太一样（笑）。

增田 ___ 为什么呢？我从创立 CCC 时开始，就从来没有变过啊。我心里满满的只有爱。

川岛 ___ 您的意思是，爱这种能量，支持您一路至今吗？

增田 ___ 我想让家人幸福，所以成立了公司、招募了员工。员工入社后，我又想让他们也跟着幸福，因为我把他们带进来，就要对他们负责。而当公司壮大后，我又有了领导集团的责任，大家会想从我这里得到答案。这时，我就需要一面旗帜了。

川岛 ___ 旗帜？

增田 ___ 是啊。让员工幸福的旗帜、目标，那就是“全球第一的企划公司”。

川岛 ___ 历经这些，才有了现在的 CCC。

增田 ___ 之前我也说过了，在现代日本，不输给全世界且具有未来性的生意，就是企划这份工作。我们以集团的方式来做，所以是企划公司。而为了不被推出世界这个相扑台，CCC 必须成为“全球第一的企划公司”。

社长不能把公司与自己混为一谈

川岛 ___ 可是增田社长，您虽然这样说，但员工的幸福到底要怎么实现呢？

增田 ___ 首先，我会让员工随时保持自由。

川岛 ___ 真的吗？可是一般公司都是用组织式管理，把员工管得死死的啊！

增田 ___ 川岛小姐，那是因为我们对自由的定义不同。所谓自由，不是让人不去做讨厌的事情，而是让他们做不做不行的事情，这才是自由。

川岛 ___ 这是禅问答吗？不太能理解。

增田 ___ 其实自由，是一件很严肃、困难的事情，被管反而轻松多了。所以人们总是下意识地放弃自由，自愿被管。但这样的员工，是无法写出真正的企划案的。

川岛 ___ 而 CCC 的工作正是企划。

增田 ___ 没错。之前我也说过了，企划就是去拓展人们理解的范畴，少了自由，这件事情就很难做到。所以湘南的计划案，才会刻意让新进员工背起责任，让他们全权负责企划，自由发挥。

川岛 ___ 您说的是真的吗？我听到的都是实际在现场，社长四处指挥，年轻人的意见都被驳回。

增田 ___ 我们公司绝不可能发生这样的事情（笑）。但你倒是让我想起了一件事，曾经有段时间我也很爱插手。

川岛 ___ 果然（笑）。

增田 ___ 那是90年代末的事情，当时滨野安宏先生企划了QFRONT，盖了SHIBUYA TSUTAYA。他出了一本书，叫作《数字之城——涩谷QFRONT带来的启示》。那时滨野先生语重心长地提醒我："增田社长，再这样下去，公司就危险了啊……"

川岛 ___ 竟然说危险，这可不能当没听见啊。

增田 ___ 当时我听不懂，就问滨野先生是什么意思。结果他回答："看着现在的你，我觉得很危险。再这样下去，你会把公司的成长与自己的成长混为一谈。"我问他原因，他说："TSUTAYA成功了，店越开越多，但这是公司的成就，而不是增田社长您个人的成就。创业者容易把自己创立的公司当作他自己，一旦那样，公司和个人都会完蛋。"

川岛 ___ 好重的一段话。不过，我的确发现许多企业家会把公司当作自己。因为是自己的公司，越是投注心力，就越是在不知不觉中混淆。他们觉得公司之所以成功，都是因为创业的自己那么努力，才有这一天。

增田 ___ 我自己倒是从未有过这样的想法。

川岛 ___ 越是听增田社长分享，就越是发现您与我对您的第一印象不同，是个很实在的人（笑）。不过当时您这么成功，恐怕很少有人敢对您说真话吧？

增田 ___ 或许吧。我被提醒之后，就开始反省自己，发现我脑袋里装的只有公司，而忽略了自己。我必须多重视自己，重新检视空闲时的自己，思考增田宗昭这个人的生存之道。然后，我那动物性的直觉启动了。我一定要找回自己。

川岛 ___ 结果怎么样了呢？

增田 ___ 当时我不知不觉一个人来到了森林，于是我决定在轻井泽盖别墅。

连紫色墙壁都 OK

川岛 ___ 所以，轻井泽就是增田社长找回自我的地方。

增田 ___ 是啊，靠着过森林式的生活。至于别墅，我就全部交给建筑师去设计了。在像禅问答一样彻底谈过我对别墅的理念后，就完全交给他们。因为我认为不这么做，就盖不出好房子。

川岛 ___ 真的吗？看来滨野先生的一番话很有效啊。

增田 ___ 是啊，例如，当建筑师说要把墙壁漆成紫色时，原本我是很排斥的，毕竟一般人根本不会想把墙壁漆成紫色嘛。但我并没有拒绝，交出去就是交出去了，于是墙壁就真的照他们说的漆成紫色了。

川岛 ___ 结果怎么样呢？

增田 ___ 很惊人。在别墅过夜后的第一个早晨，我睁开眼睛，吓了一跳。阳光照进屋内，紫色的墙、木地板、家具，完美地融合在一起。我彻底被感动了，这才了解在这个空间内，墙壁是紫色有其必然性，建筑师从一开始就知道了。但我并不知道。

川岛___令人佩服呢。

增田___自那之后，凡是有关设计或创意的工作，原则上我都不会检查。创造性，或者说是创意，并不是普通人可以理解的。一般人都要等真的做出来了，才知道好不好，例如紫色的墙壁究竟如何，在完工之前，普通人是不会知道的，但看了成品，就会知道有多厉害，不是因为认同了道理，而是因为五官被震撼了。

川岛___原来如此。

增田___创作家的工作，就是为紫色的墙壁注入灵魂。

川岛___“为紫色的墙壁注入灵魂”，您又说了一句好帅气的话（笑）。但我还是很意外。我一直以为增田社长不会把工作完全下放，毕竟您无论做什么都能靠自己出色地完成。

增田___哪有这回事，我也有不晓得该怎么办的时候，所以只能下放呀。

川岛＿不过也有很多独裁的社长，听不进建议啊。

增田＿日本的社长往往脑袋里装的只有公司、工作，无论是创业家还是聘请来的社长，都习惯“把公司当成自己”。然而一旦这么做，就会忽略真正重要的市场及顾客，然后开始搞混市场与公司的关系、公司与顾客的关系。

川岛＿“我身为社长，这么努力为公司着想，怎么可能出错？”再加上周围的人也不敢抗议，社长就变本加厉了（笑）。最糟的情况，就是失去客观的角度。

增田＿是啊。这类社长总是喜欢亲自上火线、事必躬亲。但这样是不对的，社长的工作是经营。其他的工作，应该放心交出去。所以就像我刚才说的，湘南开发案，我就完全交给新人负责了。

通过“圆锥理论”让人成长

川岛＿回到原本的话题。不过，被选拔参与新项目的新人们，固然高兴，但想必也是如坐针毡吧?

增田 ___ 会如坐针毡的人，一开始就不会进我们公司了（笑）。我认为让每个人通过自由意志将想法拼凑起来，那才叫企划。因此身为社长的我，很讨厌去管人。创意这种东西，并不是你命令他，就能生出来的。

川岛 ___ 以理想来说确实是如此，但若换作我自己，一定会很紧张。

增田 ___ 当然，而且过程还很痛苦。

川岛 ___ 痛苦？这跟增田社长您想让员工幸福快乐的目的，不是背道而驰了吗?

增田 ___ 不，不是那样的（笑）。我在当上班族的时候，在接下轻井泽 Bell Commons 这个案子时，真的很厌恶自己，因为我觉得自己做不好。但唯有了解自己的极限，自我厌恶，才能自我突破，然后进步。

川岛 ___ 走投无路时，才会开辟新的道路。对自己不够严苛，就会停滞不前，是这样的意思吧。

增田 ___ 嗯，人就是要把自己逼入绝境。毕竟有太多人虽然想把工作做好，却毫无长进。例如，假设现在有一位规划了 300 坪 TSUTAYA 的优秀员工好了，如果请他规划 4000 坪的 T-SITE，你猜会发生什么事？他会怕。

川岛 ___ 我懂这种心情。

增田 ___ 其实他只要自由翱翔就可以了

川岛 ___ 定出目标高度，然后自由翱翔？好严格的条件（笑）。

增田 ___ 但其实越瞄准高处，就会像这样（一边画圆锥图），越来越尖。

川岛 ___ 越来越尖？

增田 ___ 一边盯着顶点，一边往上飞，集中精神开辟未来，这么一来，坡道自然就会被开发出来了。

川岛 ___ 于是原本只能规划 300 坪 TSUTAYA 的店员，就能胜任 4000 坪的 T-SITE 了。

增田 ___ 是的，我常常在讲圆锥理论。只不过员工与身边的人，常向我抱怨，说社长明明交代要往北，结果某天又突然要往南，隔天又说要往西，根本不知道他要的是什么。

川岛 ___ 要是上司对我这么说，我也会觉得莫名其妙（笑）。

增田 ___ 但我并不是那个意思。我只是把整个案子看作一个圆锥，然后请大家往北、往南、往西，做出指令而已。我们的目标是顶点，朝着那里，像这样边转圈边往上飞，这就是人的成长。虽然绕了一圈会回到原点，导致有员工质疑“这不是之前做过了吗？”但高度其实是不一样的。

川岛 ___ 原来如此，增田社长看的是整体，而员工看的是部分。所以才会误解您指挥的方向。

增田 ___ 是的。

川岛 ___ 但这并不是每个人都能懂，都能去实践的啊。

增田 ___ 是啊。但也有员工理解了，并且成长了。也有员工虽然不懂，但就是跟着做。这对我来说都是很值得欣慰的事情。

组织的原型就像“银行劫匪”

川岛___但如果是能靠自我力量提升的人，即便不在组织里，他也做得到啊！

增田___不，川岛小姐，待在组织里有着很重大的意义。这有两个原因。第一个是，组织的原型其实是银行劫匪。

川岛___银行劫匪？

增田___银行劫匪为了达成从金库把钱抢出来的目的，会将团员分成侦查者、开锁者、行员监控者、运钞车手，以分工合作的方式行动。企划这个工作也是一样的。有人负责想概念，有人负责营销，有人负责商品规划，这是团队合作。

川岛___您这样说我就懂了，可是要让全体成员认清自己的责任，朝着目标工作，这实在是一件很困难的事情。毕竟大家很有可能会想一起行动，然后每个人的想法又都不太一样，有的人会紧紧跟随领袖。就像增田社长您说的，让人管，跟着人走，其实比较轻松。

增田___关于这一点，我其实想过很多，我想放到之后再谈。另一个待在组织中的意义，就是组织的规模能带来信息与信用。有些待在大公司里，自认能力优秀的人，不是会独立出来开商店吗?这时他所处的组织，就会从大金字塔变成小金字塔。小金字塔能容纳的信息比较少，会遇见的人的等级、数目也在预料之内。所以说独立会让基础变得非常小，而这个基础，指的就是信用。

川岛___信用?

增田___例如“我是 CCC 的 ×××”，这类自我介绍，其实就是在博取人的信任。要开一家从来没人听过的公司，就得从头累积信用。

川岛___这也不失为一个方法。

增田___我自己就是这么走过来的，因此独立、挑战，当然可行。但只要在 CCC 这个组织里还有值得做的事情，就应该待在这里做。那是利大于弊。

川岛___毕竟信用就是经商的原理与原则。

增田___没错。其实，在我开创 CCC 时的事务所里，挂了两幅裱框的墨迹。

川岛＿上面写什么呢？

增田＿“约定”与“感激”。我希望CCC的员工都能重视这两个词，永不忘却，这点直到现在都没变。

川岛＿可是，这不是很基本的吗？……

增田＿是吗？定下约定虽然不难，但要遵守约定却是相当困难。川岛小姐，难道您这辈子从来没有爽过约吗？

川岛＿不，怎么可能（笑）。有时碍于人情，当时虽会答应，之后却会因为麻烦或忘记而违约，这种难熬的事情我当然经历过。尽管约定的当时是认真的，但要遵守到底，却比想象中的还要困难。

增田＿对吧。那你认为，要遵守约定，需要的是什么？

川岛＿严格的自制力？

增田＿不，是感激。

川岛 ___ 感激?

增田 ___ 对和你定下约定的人，抱着感恩的心。当你心怀感激，怎么可能会去打破和对方的约定呢?

川岛 ___ 是这样没错。那我要反过来问增田社长，您从以前就从未爽过约吗?

增田 ___ 不，还是有例外。那是我快40岁时的事情。我请一位一直很照顾我的人吃饭，但我因为接受的采访时间拖太长，又突然有顾客，所以来不及在约定的时间会面。当然，我提前通知了对方，但还是严重迟到。对方虽然当时没说什么，但之后却写了一封注明“亲启”的信给我。

川岛 ___ 他在信里痛骂您吗?

增田 ___ 不，他完全没有责备我。光是这样，就让我对自己的任性感到羞愧，他的宽宏大量使我流出了眼泪。这让我重新思考了一遍，要延续与人的缘分一定要抱持感恩的心，这比任何事情都重要。

川岛 ___ “感激”的日文汉字，写作“有難い”，代表“难得”“稀有”，我很敬佩拥有这项特质的人。因此对于心怀感恩（难得）的人，我也一定会遵守约定，这点我会铭刻于心。“约定”与“感激”，真的很重要。

增田 ___ 对吧？所以即便到今日，我也还是会用这两个词来叮咛员工。

增田社长为何会想探究“何谓人”的议题？原因之一来自他的成长背景。因家中经营建筑公司与置屋，使他意识到人类本能中“身为人的快乐”的重要性。他曾切身体会到这种快乐只会在抱持利他精神而非利己的情况下出现，因此在增田社长心中，一直有“利他是通往幸福的不二法门”的信念。

另一个原因，则是他认为情欲是一种高次元的爱。增田社长执行的企划，会去深入碰触人们的情欲，探讨“何谓人”，而不仅止于表层的营销手法。

另一方面，增田社长自 70 年代至 80 年代都待在时尚业界，这也加强了他探究“何谓人”的信念。伴随着与身体最亲密的时尚中的情欲，增田社长在当时引领时代潮流的时尚业界里，找到了“何谓人”的解答，并以此为基础，拓展了 CCC 的事业版图。

这个问题探讨的对象，并非只有企划的目标——顾客，就连制作企划的员工也包含在内。究竟让员工以“人”的身份来工作，是怎样的概念？对于势如破竹、持续壮大的 CCC，增田社长往后有什么规划？而他对于后继者又如何打算呢？

第五章

为何
把公司“缩小”？

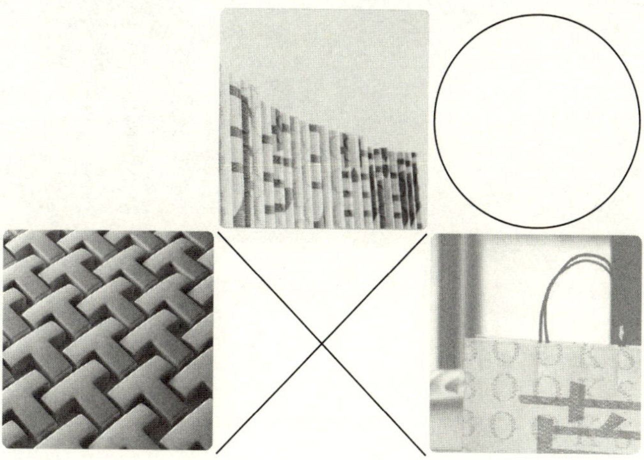

CCC的办公室里，摆放着现代艺术品。“很不错吧？虽然我完全看不懂。”（摄影：大槻纯一）

最后的谜团，是增田社长打算将 CCC 继承给谁，又要如何继承。

增田社长经手的案子，都是以对于“何谓人”的探讨为基础。他将这些企划化为实体，吸引了许许多多的人，赢得了顾客的心。无论是 TSUTAYA、T-CARD、T-SITE、武雄市图书馆，还是茑屋家电，皆是如此。

但这些都是公司对外的成绩。增田社长是率领 CCC 集团的领袖，身为最高领导人的他，是如何在公司内部探究“何谓人”的呢？他曾多次说过：“让员工幸福地工作，是我的心愿。”但这真的可以实现吗？又要如何实现？真是个大课题。

随着 CCC 事业版图的扩展，公司组织也越来越庞大，如今整个集团已经成长为拥有 3800 人的大企业了。公司变大，最高领导人要传达心声的难度也会提升。尤其 CCC，它是一家不断勇往直前的企业，不曾在任何一处停留，而增田社长本身也是一位创业社长。像这样的企业，很容易陷入最高领导人的独裁统治中。

身为顶尖创业家的增田社长，往后会将 CCC 带往哪个方向？一生探究“何谓人”的他，对于日后负责营运公司的继承人，又有什么想法呢？来听听他的分享。

人的创意可以锻炼

增田___这里的现代艺术品很棒吧？虽然我完全看不懂。

川岛___这是依照社长您的指示布置的吗？

增田___不、不，这是员工自己弄的，很不错吧？像这样就能培养员工的创造力。

川岛___人的创造力，是可以锻炼的吗？

增田___我认为人的创造力虽然是天生的，但也必须通过经验来训练。

川岛___意思是创造力需要的是天生的才华与训练，两者缺一不可？

增田___是的。这就跟脚程快或慢一样，天生就跑得慢的人，如果努力练习，也可以慢慢越跑越快。

川岛___嗯，是没错，可是练习很艰苦啊。

增田___但练习有意义。反过来说，即便是天才，如果疏于磨炼，一样会沦落成凡人。

川岛___要磨炼创造力，感觉是一条很艰辛的道路（笑）。但仔细一想，或许这与时尚是一样的。例如，当一个对时尚完全没兴趣的人，因为一些契机而开始打扮，便会搜集信息、做功课，去店里逛逛，买各式各样的衣服回来搭配，在这个过程中，自然就会找出适合自己的穿着打扮了，而时尚品位也会变好。

增田___没错，其实这放到企业也是一样的。

川岛___企业的创造力，也可以锻炼吗？

增田___嗯，而且这与企业形象大有关联。

川岛___原来如此。

增田___例如，TOYOTA 的红色车款，长年来总是让我觉得很无趣、很不起眼，但最近 TOYOTA 的红色车款却变得令人眼前一亮，一点也不比欧洲车差。我认为这就是因为 TOYOTA 积累了经验，提升了创意质量的缘故。

川岛 ___ 企业的创造力也可以通过经验累积来训练、培养。但这与企业所属的个人的创造力又有什么关联性呢？针对这点我想问得深入一点。请问增田社长，所谓创造力，到底是什么呢？

增田 ___ 就是在最后做出具有某种价值的东西。以建筑而言，即便有地板、墙壁、天花板，这些都只是对象，而非价值。唯有将这些组合起来，营造出整体的感觉，将它传递给人们，“景观价值”才会产生。我认为这就是创造力。

川岛 ___ 比起用理论、道理累积出来的价值，能够撼动人心的价值更重要。我想这就是设计的力量吧。

增田 ___ 是啊。刚才我说的“景观价值”，指的正是“景观设计”。

别成为“傲慢的社长”

川岛 ___ 说到设计，很多人都以为那就是将颜色、形状这些表层的东西组合起来而已。

增田 ___ 对我而言，设计就是顾客价值。设计是可视化的，它能将企划人脑中的理念与想法变为实体，将它呈现在顾客面前，而这正是设计。

川岛 ___ 那么增田社长，您又要怎么去定义“设计”这个词呢？

增田 ___ 设计是从每个人的生活风格与价值观中产生的。反过来说，能够看出那个人、那家店、那个企划的风格与价值观的，就叫设计。

川岛 ___ 这个定义我听得懂，但因为很抽象，可以请您说得更具体一点吗？

增田 ___ 我知道了。像我其实很想与人以平等的关系共事，所以在公司里，我都告诉大家不必每件事都向我请示，只要默默地做就好了，自己背起责任就好。但公司内部直到现在都还是有书面请示这类规矩，真是愚蠢啊。这是我的价值观啦。像 CCC 的办公室就是完全按照我的价值观设计的。

川岛 ___ 真的吗？在谈设计的定义前，我已经先对您的价值观产生疑问了（笑）。很多社长都强调平等的关系非常重要，但实际上，周遭的人还是很敬畏他们，这种站在金字塔顶端君临天下的社长，肯定不在少数。难道增田社长，您不是其中的一位吗？

增田 ___ 当然不是，我不是那样的人。

川岛 ___ 是吗？虽然有点离题，但我实在太想吐槽了，我可以问吗？

增田 ___ 请问。

川岛 ___ 您自己可能是这么认为的，但员工真的这么想吗？这点我存疑。毕竟，很多社长嘴上说“我一点也不认为自己多了不起”，实际上却是另一套，这实在太普遍了。

增田 ___ 是吗？那你听听我以前的经验。成立 CCC 的十年间，公司比想象中成长得还要迅速，规模变大后，无论我到饭店还是其他任何地方，大家都把我当 VIP 来礼遇我，甚至好几个月前得就订好约会行程，像当红艺人一样。当时我就告诉自己要多加小心，时时劝诫自己。

川岛 ___ 为什么？而且您要劝诫什么？

增田 ___ 公司的规模变大后，社长往往会因为周遭人的阿谀奉承，变得目中无人。如果不多加小心，就会不知不觉“自我感觉良好”，一旦习惯了，稍有不悦便会口出恶言。于是周遭人就得小心翼翼、老是在揣测社长的想法。这样就不妙了。

川岛 ___ 是大事不妙（笑）。不过，当时的增田社长，难道不是那样吗？

增田 ___ 不，我在年轻的时候，就看过太多这样的人了，所以一点也不想变成那样。包括美女秘书、高级跑车，我也是能免则免（笑）。总之我一直在思考该怎么去克制傲慢的心态。

川岛 ___ 您找到答案了吗？

增田 ___ 找到了。你猜是什么？是“观察顾客”。

川岛 ___ “观察顾客”？

增田 ___ 没错。我的本质是什么？社长是我的头衔，不是本质。商人才是我的本质。

川岛 ___ 您先是一位商人，然后才是社长。

增田___是的。所以探究商人的本质就很重要了。只要去思考它的本质，就根本没时间傲慢了（笑）。我的工作是观察顾客，其他的都不重要。

川岛___原来如此。商人的根本，就是观察顾客。

增田___我们公司是靠向顾客提供某种服务来赚钱的，所以持之以恒地观察顾客，特别重要。身为社长的我，会站在TSUTAYA的店面前，看看顾客是否满意。也会和加盟主们碰面，看看他们对总公司CCC是否满意。这些都必须好好去观察、体会。

川岛___通过观察顾客，再配上身为社长的直觉，便能掌握现场。

增田___是的。像这样去现场亲自体会，还能劝诫自己。

川岛___我已经清楚您身为社长严以律己的态度了。但，也是有满不在乎的社长，而且比想象中的多。例如在大得不像话的社长室里，摆放昂贵的办公家具；在接待室里布置风格迥异的画或艺术品，穿着贵死人的西装看起来却很土。就连站在社长面前的员工，都像在服侍大老爷一样。这种现象在社长身边特别明显。

增田___川岛小姐，想不到你看过这么多，有点可怕啊（笑）。

川岛___但通过刚才的谈话，我已经了解增田社长您为什么没和他们同流合污了。

增田___幸好你解开了对我的误会（笑）。

与员工没有距离的服装

川岛___那么回到刚才的话题。这间办公室，其实就是按照增田社长您主张的在平等关系下共事的价值观，实际做出来的成果。

增田___是的，价值观这种东西，光用嘴巴说是没用的，所以平常我连服装都是穿 T 恤衫配牛仔裤，脚上穿运动鞋。当然，员工也可以自由穿搭。而办公室，一样是为了传达我的价值观才打造出来的。

川岛___也就是将社长您的工作态度化为实体。

增田___是的。所以公司里没有社长室，只有平面的开放式空间，这些都体现了我身为社长的价值观。

川岛___的确，进入 CCC 的办公室，映入眼帘的是摆了艺术品的开放式空间与咖啡厅，楼下的办公区也很宽广，非常舒服。至于社长室或会议室，倒是哪儿都没看见。

增田___是的，这里并没有我专属的房间。员工的会议在楼上的咖啡厅进行就可以了，也可以大家聚在楼内的桌前进行。开放、平等的价值观，都体现在风格上。

川岛___但是增田社长，您总会遇到不能向员工公开的面谈吧?

增田___那我就会像今天一样，把拉门关上，做出临时会议室，这样就足够了。

川岛___还有一点我觉得很特别，那就是在办公楼层间移动的方法并不是搭电梯，而是走位于正中央的楼梯。但我记得这里并不是 CCC 自己的大楼，请问那是怎么做的呢?

增田___那是和不动产商好说歹说，硬做出来的。这里其实是出租式的办公大楼，我租了好几个楼层，但又很讨厌必须搭电梯才能移动到各楼层，这样工作起来太死板了。因此为了让员工能自由往来，就设计了一个三层楼高的大型螺旋梯。

川岛 ___ 您还真任性呀（笑）。但有没有这个楼梯，感觉真的差很多。楼梯盖在办公室里面而非外面，不但可以串联各楼层，营造整体感，还让大楼里多了一个一体成型的空间，开放感非常棒。

增田 ___ 不只这样。我在办公室正中央规划楼梯的另一个原因，在于“人的视线”。去每层楼都要通过安检门、搭电梯，实在太糟了。走在这个楼梯上，就能从上往下俯瞰整个办公室景观。毕竟“人的视线”真的太重要了。

川岛 ___ 人的视线？

增田 ___ 我们不是会一边爬楼梯、下楼梯，一边看办公室吗？即使每个楼层的办公室都规划得不错，但若少了这样的楼梯，就是失败品。

川岛 ___ 通过爬螺旋楼梯，不但能欣赏宽敞漂亮的办公空间，还能看到工作同事的脸，时不时四目交接。各种“人的视线”瞬间交错的感觉，实在很不错。

增田＿ 对吧？这就是人性化。我追求的就是这股人情味。

川岛＿ 原来如此，这间办公室确实一点也不冰冷，充满了人的温度，令人觉得自在悠闲。在这种氛围下，灵感就会源源不断冒出来吧。

增田＿ 像这样把理念化为实体，人的行为就会跟着改变。自从我们搬到这里后，员工的工作状况就变好了。

川岛＿ 或许这是个培育员工创造力的好空间呢。

增田＿ 但愿如此啊。

经营者不看设计图

川岛＿ 早在最一开始拜访代官山茑屋书店，听您解释这里的设计与创意之前，我就觉得这里很舒服。除了建筑、装潢美轮美奂，更重要的是会让人想再来，心情很愉快。

增田＿ 让你有这样的感觉，我很荣幸。川岛小姐感受到的舒服，就是我说的设计，这代表我们提供了顾客价值。

川岛＿可是，我总觉得日本企业好像很不屑舒服、漂亮，不喜欢以外观、门面来取胜。

增田＿就像男人不是看外表，而是凭内在素质。

川岛＿对，跟这个一样（笑）。但我认为这种不修边幅的想法，会让日本的产品、服务，丧失帅气、漂亮、舒适等优点。那我想问一个问题，对经营企业而言，设计是必要的吗？

增田＿何止必要，经营企业，本身就是设计。公司的价值就是设计。

川岛＿可是，企业家们总是说不要跟他们谈设计。

增田＿是吗？设计可不是配角，反而企业必须靠设计来产生价值，因此设计这项工作，举足轻重。而这只要交给专业设计师就可以了。

川岛＿咦？交出去吗？

增田___我自己是这样做就是了。代官山茑屋书店的设计图，我完全没看，直到完成了，才点头“哦，变成这样了啊”。

川岛___真的吗？我还以为增田社长一定会仔仔细细，向设计师、建筑师解说您的喜好，然后对设计图提出意见，到施工现场巡视……

增田___才没有呢。要是这么做，办公室一定丑得不得了。我没看设计图，没过问要使用的素材，也没对颜色表示意见。毕竟要是都要经过我同意，就等于先被我筛选过了，那就糟了。

川岛___您吓了我一跳，我还以增田社长一定会亲自筛选呢。为什么您都不过问呢？明明是社长（笑）。

增田___我若那样做，就太自以为是了。将价值观、风格这些概念变成实体，是专业设计师的工作，所以交给他们自然是最好的。

川岛___从以前您就是这么做的吗？

增田___不，也不是。我会像现在这样那么干脆，起因是代官山茑屋书店。在创立它之前，我在轻井泽盖了栋别墅。之前我也提到过，那成了一种练习。那次我没看设计图，过程中也毫不过问，完全交给设计师池贝知子小姐自由发挥。

川岛___就是全面设计代官山茑屋书店的建筑师，池贝知子小姐。

增田___但是，只交出去是不够的，还有一件非常重要的事情一定要传达。

川岛___是什么呢?

增田___理念。

川岛___理念？别墅也是吗?

增田___是啊。盖别墅的时候，每个周末我都会和建筑师讨论“我对别墅的理念”，像是为什么我想盖别墅、对我而言什么是别墅、它是什么样的存在、盖好后我可以做什么，有点像禅问答。

川岛___禅问答?

增田___我们讨论的不是具体的颜色或形式，而是价值观与想法。

这种概念性的议题压倒性的多。通过不断重复这样的对话，我发觉自己的理念也变得越来越坚定。

传达理念后，大胆地交出去

川岛 ___ 所以说，委托人或企业家，该做的就是构思“理念”，然后将它传达给实际在规划、画设计图的专家。沟通价值观，这才是最重要的。

增田 ___ 没错。

川岛 ___ 所以做成实体时，您才会放心交给建筑师或设计师。因为您完全信赖他们。

增田 ___ 当然喽。因此“挑选建筑师”或“挑选设计师”是我最主要的工作。至于实际画设计图，那就是建筑师或设计师的工作了。一旦选好，就要信任对方，倘若途中插手，专门挑错就没有意义了。至于失败，那就是选择该建筑师或设计师的我的错了。

川岛___ 原来如此。照这么说，在最开始的阶段与该建筑师或设计师沟通理念就是关键所在了。坚定的理念，若由强力的建筑师或设计师来呈现，相信不必多说什么，也能传达给顾客。

增田___ 没错，这非常重要。

川岛___ 我到过各式各样的店面采访，每次店家一说起他们的理念、展示概念设计图，就会让我有种“哦，原来目的是这样”的比较虚的感觉。反过来，如果顾客来访时什么都不知道，就能感觉到店里的理念，这种店就真的很厉害。而要达到这个目的，就得从设计着手。

增田___ 就这层意义上而言，设计就是一切。商标、日常用品、照明，全部都是设计。

川岛___ 以顾客的身份要到某家店里去时，即使不刻意留意，从车站一路走来的街道、店面的招牌、外观、进入后的印象、其他的顾客等元素都会融为一体，在脑海中留下印象。而这些都会变成记忆保留下来。换成现在您的说法，就是这些全都是设计。

增田___ 没错。

川岛 ___ 这么一来，感觉是好、是坏，舒适或不舒适，这些设计都会影响一家店，成为“让人还想造访的店”或者是“再也不去的店”。

增田 ___ 是啊，这是理所当然的。所以提供顾客价值时，设计是不可或缺的。

川岛 ___ 原来如此。所以说设计的概念，并不仅止于色彩、造型，而是更庞大的，这我已经懂了。这么一想，有些部分还真的和经营是相通的。

增田 ___ 彻底思考理念、选出可行的部分、分享价值观、交给第一线的员工。没错，设计就是经营。

川岛 ___ 那么其他的案子您也是这么做的吗？先拟定概念，将它传达给项目负责人，后续的就交给他？代官山茑屋书店产生的经过，与您在 CCC 的工作模式是相同的吗？

增田 ___ 基本上相同。

川岛 ___ 您是真的会把工作交出去吗？还是会揽在身上？我一直以为社长您的工作模式，是自己决定好每个步骤，让团队确实完成，然后一有空档下属就会向您呈报来确认细节。

增田___不，完全不是这么回事。自从规划了代官山茑屋书店后，不论函馆、武雄、湘南，我都放心交给团队。

川岛___的确，您曾说过无论是函馆茑屋书店、武雄市图书馆还是湘南 T-SITE，项目负责人从一开始确认理念后，就不再向您一一禀报。但这样压力反而更大。

增田___我就说吧。

川岛___您也说过，当负责人真的搜肠刮肚、一筹莫展时，您会陪他们稍微聊一下。您会递梯子过去，但绝不会亲自拉他们上来。老实说，我觉得您有点客气了，毕竟您是社长嘛（笑）。

增田___哪有这回事。我只是认为既然交出去了，比起中途插手，倒不如放手让他们自己做比较好。

川岛___自由的背后真是满满的血泪啊。

想不起向自己打招呼的员工名字该怎么办？

川岛 ___ 我就直截了当地问了。现在 CCC 气势如虹、持续成长，对于这家公司，增田社长未来有什么打算呢？曾经想过继承人吗？还是您打算做到这一代就收手？

增田 ___ 我当然想传下去，只是一直在想该如何传才好。

川岛 ___ 老实说就我来看，当您的继承人，一定很辛苦。关于这点，您是怎么看的呢？

增田 ___ 其实最近发生了一件事。我到公司去，搭乘电梯时，身旁的一位年轻男性员工看到我的脸，就对我打招呼说早安。当然，我也回他早安。

川岛 ___ 但您没有立刻想起他的名字。

增田 ___ 没错。

川岛 ___ 这很正常，毕竟现在员工都超过 3000 人了。

增田 ___ 可是那一瞬间，我心里却感到一股强烈的不协调感。我创业至今三十年，也算是经营得有声有色。但在我自己的公司里，却有很多我不熟悉的人在工作，这不是很荒唐吗？

川岛 ___ 就像您一开始说的，身为重视平等关系的社长，您的目标一直都是创办一个让每个人都能发挥特长的组织。但在不知不觉间，公司却变成了一个看不见员工脸孔的庞大机构？

增田 ___ 没错。那时，我一点都不庆幸“我的公司已经变得那么大了”。是因为我是社长，那位男性员工才会向我打招呼，换作是其他同仁呢？我想他肯定不会打招呼。在同一家公司工作，却有那么多人互不认识。一群陌生人聚集在一起，真的可以发挥团队力量吗？不，想一下就知道不可能。所以我决定缩减公司规模。

川岛 ___ 啊？您立刻就下了那么大的决心？

增田 ___ 当时的我心里有一个强烈的声音，告诉我一定要回归最初的想法，打造反应迅速、具有机动力的组织。CCC 作为一个组织，实在过于庞大，一定得要人性化才行，也就是分成好几个公司。

川岛 ___ 听您这样说，这个决定倒也不算突然，或许这个想法早在社长您心中累积，只是现在集中迸发出来。随着组织越来越庞大，您在洞悉未来时，似乎也看到了隐忧，所以 CCC 才会试着分成好几个公司。

增田 ___ 是啊。CCC 创立于 1985 年，2000 年于东京证券交易所上市，2003 年调整至东证一部[①]，2000 年分割成数个公司，2009 年又再度合并为一家企业。然后 2011 年，又透过 MBO 收购下市。

川岛 ___CCC 的组织形态还真是多变，但震荡幅度是不是有点太大了？

增田 ___ 不，那都是因为必要才进行的。对我来说重要的是顾客价值最大化，所以 CCC 的中心思想，其实就只有简单的两点——顾客价值最大化与生活风格提案。只要是能实现这两点，能做的我都会做，所以才会进行组织改组。

川岛 ___ 您可以举例说明“顾客价值最大化”吗？

增田 ___ 这个嘛，上市是为了让收入的基础稳定，来创造下一个

① 东证一部，东京证交所上市之企业分为第一部（大型公司）、第二部（中小型公司）及 Mothers（创业板）三大类。——译者注

顾客价值。而将细分化的组织再统整成一个企业，则是为了再次以 CCC 的力量，来提升对顾客的企划能力。

川岛 ___MBO 呢？

增田 ___MBO 也一样。如果只看钱，其实 CCC 完全没有必要下市，但一想到这家公司，究竟是为了谁、为什么而成立，我就不免感到荒谬。

川岛 ___ 您觉得哪里荒谬呢？

增田 ___ 得看股东的脸色，我认为这糟透了（笑）。比起让公司壮大、讨股东欢心，我更想让顾客和员工高兴，这才是我的心声。所以为了脱离股市，我就决定 MBO 了。

川岛 ___ 这样我就了解了。

小组织才能提高顾客价值

川岛 ___ 那么照您的逻辑来说，这次的组织分割，又代表了什么意思呢？

增田 ___ 之前我说过，CCC 的资产并非财务资本，而是智慧资本。

川岛 ___ 是的，您说过接下来日本企业的基础，将不再是财务能力，而是智慧的提案能力。无论拥有多少财务资本（钱），倘若只有钞票，是无法创造出智慧资本（未来必要的提案）的。

增田 ___ 是的。在我看来，能在公司内部累积多少优质的智慧资本，就是胜负的关键，这么说真的一点也不为过。但，当组织超过了适当的规模时，将之前累积的智能资本转变成顾客价值的结构，就会变脆弱。

川岛 ___ “将智能资本转变成顾客价值的结构”？

增田 ___ 也就是面对未来的顾客时，所需要的提案能力、企划能力，要是这部分变弱了，不就失去意义了吗？

川岛 ___ 我们常说，体形变大，动作就会迟缓。

增田 ___ 若是精神饱满的小组织，就能让每一位员工都面对顾客，这么一来，公司的智慧资本，与接待顾客的第一线之间，就不会产生巨大的鸿沟。但若公司变大，营运的组织就会变成纵向的直线型，导致产生不同的角色与阶级。所以动作才会变迟钝。

川岛 ＿ 换言之，就是大型金字塔组织僵化，对现场的感受越来越不明显。

增田 ＿ 是的。CCC 长年累积下来的大数据，以及与各种企划相关的智慧资本，是每一位员工的武器，能帮助他们活跃于第一线。然而，当这变成了金字塔型的垂直型组织，就会出现“我是数据管理者”“我是在现场推动企划的人”，这样就本末倒置了。

川岛 ＿ 我已经知道您是为了避免这种情况，才会分割公司，来打造充满活力的组织了。但这样，2009 年又为什么要统合子公司呢？

增田 ＿ 那时候吗？因为 CCC 从 2006 年发行了 T-CARD，这不是只有我们一家公司，而是由很多企业一起合作的，只要好好做，就能让它成为活用于所有的营销上最强的大数据。我认为它的重要性非常高，因此判断必须将公司统整起来、火力全开，从头开始打造。

川岛___而结果就跟预测的一样。

增田___如今 T-CARD 的持有者已经超过了 5300 万人。它建构了能追溯食、衣、住等消费行为记录的大数据，我认为就这点而言，意义非常重大。但 CCC 正在面临转型阶段，必须运用过去累积的智慧资本，集中火力，进行能产出新顾客价值的企划案。这么一来，组织就必须更人性化，也就是分成数个公司。

川岛___具体来说是怎么分的呢?

增田___分成经营 TSUTAYA 的 TSUTAYA 株式会社、经营出版及文化产业的 Culture Entertainment 株式会社、经营数据库与营销的 CCC Marketing 株式会社、经营网络事业的 T-MEDIA Holdings 株式会社这四家公司，以及 Culture Convenience Club 株式会社。

川岛___意思是依照不同的产业来划分公司吗?

增田___不，那又不太一样。这每一家公司都有 T-CARD 大数据这个共通的背景，以便追求顾客价值最大化。它们不是金字塔状的垂直型组织，而是由好几个小集合体平等的并列型组织，大概是这样的感觉。

创业三十年，再一次创业

增田 ＿ 川岛小姐，人们不是常说“企业的寿命只有三十年”吗？

川岛 ＿ 这经常听到。意思是公司创立后，有一段时间生机蓬勃，但顺利成长为大公司后，组织却开始僵化，新的挑战减少了，人心也越来越保守，结果企业的光辉与繁荣就一去不复返了。

增田 ＿ 没错，如今 CCC 正好创立了三十年。

川岛 ＿ 以企业寿命论来看，目前正是存亡之秋啊（笑）。

增田 ＿ 所以我才认为组织的形态必须再度改变。而且心里有个声音告诉我，如今正是再次创业的时候。

川岛 ＿ 创业？

增田 ＿ 光是分割公司，要生存下去还是太困难了。除非让每位员工都切身体会“产子之痛”，才有可能开辟未来。未来，并不是一开始就有光明大道可走，而走已经开好的路，又不是 CCC 的风格。所以必须创业。

川岛 ___ 您又说了好帅的话（笑）。您是想借由公司分割，来塑造怎样的组织呢?

增田 ___ 简单来说，它必须与过去许多企业采用的金字塔结构截然不同，必须摧毁阶层固定、角色固定的金字塔结构。我要建构的，并不是严守着等级制度、由上对下的垂直型组织。而是人人平等，彼此联结，将各自的力量集中起来，来提高整体机能，应该可以说是一种从云端概念产生的并列型组织吧。

川岛 ___ 您刚才说，每一家公司都会拥有 CCC 数据库的共通背景，然后各自努力，实现顾客价值最大化。这的确是很特别的想法，请您一定要实现它，但这相当于在荒野中开路，倘若不是每一位员工的自觉都很强，就会非常困难。

增田 ___ 因此 CCC 才更非做不可。

川岛 ___ 迎向挑战。增田社长，您真的很好胜啊（笑）。

增田___我不想输给自己，这样会很高调吗？但其实我只是想强调人性化，这我已经说过好几遍了。我相信人性化，能让人不被埋没在组织中，自由地发挥能力。

川岛___任何事物都会回归“人”来思考，这就是增田式的作风（笑）。再来就是完全尊重顾客的角度。

增田___没错。所以你认为，这样的我会向员工要求什么呢？

川岛___嗯，自由挑战？毕竟增田社长蛮嬉皮的。

增田___是吗？我不晓得自己嬉皮不嬉皮，但我最先要求的，的确是自由，而且不是那种为所欲为的自由。

川岛___以增田式的定义来看，自由的意义的确不是做自己想做的事，而是去做必须做的事。

增田___也就是重视超越固定的观念与既有的框架，将新的创意化成实体。

川岛___就好的意思来讲，的确是嬉皮。不受已有的价值观束缚，身为一个人自由地活着，我始终认为，这与增田式的哲学很相似。

增田___是吗？对我来说，自由是一种工作需要的气氛，是生存下去的信念。其实像刚才我说的传统金字塔结构，根本就不需要自由。因为下属只要遵从上头的指令做事就可以了，也就是只要做被管理者的工作就可以了。这样的形态虽不自由，却很轻松。

川岛___只要做被交代的事情就好，也就不会有太多失败的风险。

增田___没错。相反的，在并列型的组织中，上级并不会发出“去做这个”的指令，虽然自由，却绝不轻松。但也因为不轻松，所以有趣。因为难度高，所以有挑战性。

川岛___但是增田社长，不轻松的组织，真的可以让人幸福吗？

增田___那我说明得清楚一点好了。在垂直型的组织中，人们常常会大眼瞪小眼。

川岛___大眼瞪小眼？这是指上对下单方面地传达指令吗？

增田___部下盯着上司，上司盯着部下，大眼瞪小眼。

川岛___那我懂了。意思是即使认为上对下的指令是错的，因为上司盯着，所以不能反驳，只能照做。我还看过有人一脸忧心忡忡地做着上司指定的数据的极端例子呢。

增田 ___ 对吧。但在并列的组织中，大家都得“盯着相同的方向”。无论上司还是部下都一样，都得面向同一个地方。

川岛 ___ 那这时，朝着的方向要由谁来决定呢？

增田 ___ 既然组织是平等的，那么关于个别事项，只要彻底讨论，让每个人都信服，答案就呼之欲出了。不过因为必须“盯着同一个方向”，所以每个人的大目标意识都要一致才行。

川岛 ___ 那么增田社长，既然组织是平面的，这个大目标意识又要从哪里冒出来呢？

增田 ___ 从顾客的视角。面向顾客，同心协力，这样大家自然就得朝着同一个方向了。

沙丁鱼群是理想的组织

川岛 ___ 原来如此，那我懂了。但到时的领袖会是谁呢？应该还是要由增田社长来挥动旗帜，否则组织应该很难动吧？

增田 ___ 我个人的理想，是沙丁鱼群。

川岛 ___ 真是天外飞来一笔的比喻。

增田 ___ 知道为什么吗？沙丁鱼的日文汉字“鰯”，是鱼字旁再一个弱。一条一条的鱼绝对不强，所以总是一大群团体行动。它们之中没有领袖，却能整群一起游泳，而且不会分散。这就是我的愿景，是 CCC 理想的组织形态。

川岛 ___ 原来如此，您这么一说我就懂了。但增田社长，您确信这次的公司分割，可以实现这个理想吗？

增田 ___ 老实说，我不确信（笑）。不是我要找借口，我从以前做事到现在，就从不认为有任何一件事情可以从头到尾都顺利。

川岛 ___ 真的吗？那为什么增田社长您还是愿意冒着这么大的风险开疆辟土呢？这点我还是有疑问。

增田 ___ 新事物当然会有风险。但我知道必须具备什么，才能让这次的沙丁鱼群成功。

川岛 ___ 您有什么秘诀吗？

增田 ___ 没什么秘诀，就是让沙丁鱼群顺其自然地游泳。利用离心力与向心力。

川岛 ___ 又是二元对立的元素。

增田 ___ 其实任何事情不都是这样吗？只有离心力，东西就会散掉，无法集中起来发挥力量。另一方面，只有向心力，虽然不至于变得像刚才说的大眼瞪小眼，但也会为缩在一起而凝固。这样同样不能发挥力量。

川岛 ___ 两边都不对。

增田 ___ 所以这是在两者都存在的情况下才会成立的。放到 CCC 这家企划公司里来看，离心力朝着的方向就是顾客。为每一位顾客认真着想，就能写出诚意十足的企划。而向心力朝着的方向，就是伙伴。和一起工作的伙伴，朝着同一个方向冲锋陷阵。也就是刚才说的“盯着同一个方向”。如果同时具备离心力与向心力，就能成为沙丁鱼群。这样便能成为最强大，也就是全球第一的企划公司了。

川岛___刚才您说过沙丁鱼群不能过大，所以这次才要分割公司。

增田___没错。凡事都有最适当的规模，这是一种大自然的道理。（一边画图）就像这里有很多的小沙丁鱼群，每个都朝同一个方向游。

人会因人性化而散发光芒

川岛___可是当有这么多鱼群时，要怎么让它们都朝同一个方向游呢?

增田___那就只能分享基本的价值观了。像是我一直最注重的事情，我想持续告诉员工的事情，以这些为基础，我想鱼群就不会四处乱游了。

川岛___增田社长指的应该就是您对于“何谓人”的体悟吧。您一直想把这件事情传达给员工，这代表 CCC 仍然不能少了增田社长。那我就开门见山地问了。现在公司已经分割了，那您到底打算怎么将组织继承下去呢?

增田___这题太难了。

川岛___啊？太难了？

增田___就现阶段而言，我心里还没有答案。但也不代表我打算一直当头头，反正儿孙自有儿孙福。

川岛___怎么有点事不关己的感觉（笑）。

增田___我重视的是人性化的组织。至于构成这个组织的个人该如何，答案很简单。

川岛___是什么呢？

增田___自由。一个人人并列、联结，将各自的力量集中起来，提升公司机能的组织。所以每个人都必须是自由的。

川岛___自由啊，这个自由好难。

增田___之前我也说过了，自由需要使命感。不用做不想做的事，不叫作自由。做必须做的事情，那才叫作自由。

川岛___当自由实现，个人与组织便能有生命力地联结在一起，展开有创造性的活动，达成扩大顾客价值、生活风格提案的使命。而增田社长理想中的公司形态便能实现。

增田 ___ 没错。这应该算是我在代官山茑屋书店后，获得的智慧吧。

川岛 ___ 咦？怎么说呢？

增田 ___ 将 CCC 这家公司以这种方式来改革。这个想法算是代官山茑屋书店的副产物。

川岛 ___ 副产物？

增田 ___ 是啊。将公司以人性化的方式分解，让员工像沙丁鱼群一样游动，这个想法是我在规划代官山茑屋书店时，或者说是规划好后才出现的。打造代官山茑屋书店，使我对那样的大规模及舒适感，有了新的思考。那就是，或许可以有一种人性化的环境，让人们可以不埋没于组织中，可以自由发挥能力。这件事情仿佛为我心中多年来的疑问，提供了一道解答。所以我说它是副产品。

川岛 ___ 原来如此。

增田 __ 但，公司毕竟还在发展中，我也不晓得这是否是正确答案。

川岛 __ 连增田社长自己都不确定这是否为正确答案。

增田 __ 从我创造的事物中，诞生出乎意料的事物，然后又从里面产生新的东西。这就是我的人生，我想往后也会持续下去。

川岛 __ 在增田社长心中，有一道永不动摇的基轴，那就是对于“何谓人”的探索。面对未来，相信CCC仍会不断进步、持续发展。往后还有很长的路要走呢。

增田 __ 没错，但我会贯彻始终的。

川岛 __ 您总是这么固执（笑），但我相信您的做法，一定可以带给许多人活力与朝气。我很期待您往后的活动呢。

关于后继者的谜团终于也解开了。

随着时代变迁、环境改变，增田宗昭这号人物，却始终从扩大顾客价值与生活风格提案的基轴，持续探索“何谓人”，态度不曾改变。与他做过的工作相同，对于组织及后继者，他也同样一边探索着“何谓人”，一边进行着各式各样的尝试。

他的目标——不是以增田社长为顶点的金字塔结构，而是最高领导者与第一线能近距离接触的并列型组织。全体员工都要朝着“生活风格提案”，像沙丁鱼群一样移动。这就是增田社长理想的组织结构。

人想要自由，就必须抱持着使命感，去做必须做的事情。这是增田社长在对“何谓人”的探索中，体会到的解答之一。一个组织有了这样的信念为基础，就不一定需要继承人。在“儿孙自有儿孙福”这句话的背后，隐约可以嗅出下个世代的领袖不一定要由某个人来担任，而是要让有志者自由选择，想做就去做。

但这毕竟只是理想，就像他自己说的，其实心里也没有确切的答案。要担任如此顶尖企业家的继承人，即便是旁人，也能想象那不是一件容易的事情。

那么，未来的 CCC 会怎么样呢？下个世代的经营人，又会怎么做呢？——或许他会延续增田社长的理念，继承他不断探究“何谓人”的思想，继续追寻它，然后持续开拓面向未来的企划公司吧。

本书作者川岛蓉子与增田先生在一起（摄影：大槻纯一）

后　记

初次遇见增田宗昭社长，是在代官山茑屋书店的酒吧 Anjin。那时我正在访问其他人，增田社长偶然路过。我访问的对象将增田社长介绍给我认识，但我想他应该不记得曾经与我碰过面了，毕竟他总是那么忙碌。

但我还是想访问他，他踩着轻快步伐的身影与豪迈的笑容，令我印象深刻，勾起了我强烈的好奇心。但一直到了两年后，这个愿望才实现。

增田社长的分享，比想象中的还有趣。他那天马行空的想象力与创造力，化作语言，妙语连珠。没有任何生僻的用语，只是不厌其烦地说明让对方听懂。在访谈前，我一直以为增田社长是个独裁领导者，是那种不太倾听别人意见，自己滔滔不绝的人，是个粗犷豪迈的人，这些都被一一颠覆了。在他的信条与意志中，固然有着严厉、强硬的一面，但另一方面，又有着玻璃工艺般的细腻、为对方着想的体贴、俏皮的幽默感。他是个具有多方面魅力的人。

在这么多场访谈中，我遇见过豪气干云的企业家，也遇见过会边听对方的反应，边绅士地回应的企业家。大概是因为这两种要素截然不同吧，同时拥有两者的企业家并不多。然而，增田社长，却体现了这种相反的要素——豪爽又细腻，大胆又小心，有创意又实际，是狡猾的大人也是纯真的少年。为什么他会具备这些特质呢？渊源又是什么呢？

而且，他从不安于现状，心中总会不断冒出下一个想做的事情、想尝试的事情。到底为什么？是什么让增田社长，总是看着未来呢？我非常想知道。随着访谈的进行，越是认识增田社长的为人，我就越好奇。想将他的魅力诏告天下的渴望，在我心里膨胀。

本书稿件的汇整，有劳负责 CCC 社长室宣传工作的元永纯代小姐协助。倘若没有元永小姐的帮忙，这本书恐怕难以问世。另外，我还要感谢从企划一开始，就陪我一路走来的《日经商业周刊》的柳濑博一先生，谢谢你为身为写手的我，开了一扇新的窗。非常谢谢你们。

2015 年 4 月

川島蓉子